DEBATTE 30

Hans Burkhardt

HANS BURKHARDT

Selbstsein oder Weltbeglückung

Eine anthropologische Skizze

Matthes & Seitz

Umschlaggestaltung und Herstellung: Bettina Best, München. Satz, Druck und Bindung: Auer GmbH, Donauwörth.
ISBN 3-88221-374-4

> Die meisten von uns – dessen müssen wir uns bewußt sein – lieben ihre Hypothesen, und es ist, wie ich einmal sagte, eine zwar schmerzhafte, aber jung und gesund erhaltende Turnübung, täglich, gewissermaßen als Frühsport, eine Lieblingsthese über Bord zu werfen.
>
> *Konrad Lorenz*

1.

Du selbst bist gemeint. – Den Verdacht, daß es mit der Ethik in unserem, dem abendländischen Kulturbereich nicht mehr stimmt, haben wohl zunehmend immer mehr Menschen der Gegenwart. Vor den beiden Weltkriegen war die Idee allgegenwärtig, daß Fortschritt und Ethik Hand in Hand miteinander gehen. Diese Idee hat ihre Glaubwürdigkeit verloren – mehr noch: Unser Geistesleben als solches ist unglaubwürdig geworden, weil der Rückhalt des sittlichen Ernstes verloren gegangen ist.

Mit sittlichem Ernst ist durchaus nicht ein Weltverständnis gemeint, das sich von der sinnlichen Wirklichkeit abgespalten hat. Es gibt keine Anteilnahme ohne sinnlichen Hintergrund, wir sollten vielmehr zuallererst verstehen, daß dann, wenn die Sinnlichkeit nicht mitzieht, der Verstand nur Unsinn anrichtet. Gerade an dieser, der empfindlichsten Stelle im Gefüge unserer Wertvorstellungen, ist etwas zerbrochen – auf schlimmere Art als je zuvor.

Von jeher gehört die Spannung zwischen Sinn und Sinnlichkeit und Sittlichkeit zur Problematik des Menschseins und gerade dies ist eines der verborgenen Übel unserer Zeit, daß die Menschen sich an dieser Problematik vorbeilügen wollen, daß sie in die Objektivität ausweichen, um die Stimme nicht zu hören, die ihnen jeden Tag sagen will: Nicht die Menschheit ist gemeint, keine Abstraktion ist gemeint, Du selbst bist gemeint, deine Subjektivität ist gemeint. Es gibt keine unwiderlegbare Wahrheit, das Persönliche allein, so sagt es Nietzsche, ist das ewig Unwiderlegbare.

Die Gestaltungskraft geht verloren, wenn die Sprungfeder gebrochen ist, die Sprungfeder eines ethisch begründeten Daseins. Wenn wir radikal (und das heißt von den Wurzeln her) denken, wenn wir mit dem notwendigen Mut zur Vereinfachung sagen wollen, was wir mit Sittlichkeit meinen, dann müssen und dürfen wir zwar unsere Frage an möglichst vielen Stellen offenlassen, aber an dieser einen Stelle nicht:

Der eigentliche und ewige Feind menschlicher Sittlichkeit ist die Lüge, die immer damit beginnt, daß die Menschen sich über sich selbst belügen. Es geht nicht darum, die Wahrheit zu suchen und zu finden, es geht darum, wahrhaftig zu sein.

2.

Das Jahrhundert der öffentlichen Lügen. – Diesen Gedanken festzuhalten ist das wesentliche Anliegen der folgenden Ausführungen. Man kann, wenn man den Zeitgeist auf eine Formel bringen will, es mit sehr verschiedenen Definitionen versuchen. Soweit man heute schon auf unser Jahrhundert zurückblicken kann, ist man versucht, eine recht handgreifliche und zugleich weitgreifende Definition zu wählen, wenn man unser Jahrhundert das Jahrhundert der öffentlichen Lügen nennt. Denn man kann dies ebenso sagen aus oberflächlicher Sicht und mit Blick auf die unaufhaltsame Macht der Medien, wie mit Blick auf die Hintergründe religiöser Sinndeutung.

Wenn man es tiefsinnig meint, muß man es, so sagten wir, in Zusammenhang mit der Problematik des Menschseins sehen. Solange es Menschen gibt, haben sie gelogen – haben sie, bevor sie andere betrügen, sich selbst betrogen. Man hat gedacht, dieses durchaus hintersinnige Problem des Menschseins müsse sich auflösen lassen durch eine aufgeklärte, eine freisinnige und skeptische Wissenschaft vom Menschen. Man hat es vom Konzept her ehrlich gemeint, aber man hat sich in den tausend Schlingen und Listen des logischen Denkens verfangen, ehe man es bemerkt hat. Man hat nicht bemerkt, daß auch das logische Denken zu den Künsten gehört, die zwar nicht vom Ansatz her, aber in der herzlosen Anwendung auf Idee und Praxis unseres Zusammenlebens dazu dienen, sich selbst und den anderen etwas vorzumachen.

Dies ist unser Problem von der Basis her. Da wir aber sprechen wollen von der menschlichen Lügenhaftigkeit in unserem Jahrhundert, müssen wir sprechen von der öffentlichen Lügenhaftigkeit als einem Merkmal des Zeitgeistes, der über vorher nie gekannte Möglichkeiten der organisierten, der gelenkten Informationstechnik verfügt. So allgegenwärtig ist die Lüge noch nie gewesen. Die Propaganda lenkt das Leben der Menschen.

Dieser alltäglichen Kränkung des persönlichen Lebens zum Trotz sollte man aber weder optimistisch noch pessimistisch von alledem sprechen, solange immer noch die Menschen verstehen, was es bedeutet, vom Hintergrund her ein Einzelner zu sein – ein Einzelner, der es nicht nötig hat, sich damit abzufinden, daß er seine Identität dem Zeitgeist ausliefert. Jeder Einzelne, der neu hinzutritt, findet unter der Voraussetzung, daß er ein Einzelner ist – und in jedem Augenblick, wo er dies versteht – die Welt und Wirklichkeit wieder als eine nach allen Seiten hin offene Welt und Wirklichkeit. Er findet die Offenheit wieder unter einer zweiten Voraussetzung, die mit der ersten zusammengeht: Er darf sich nicht narren lassen von der Illusion einer von Menschen machbaren besseren Zukunft mit besseren Menschen, sonst verwechselt er die offene Zukunft mit einer besseren und versteht den Sinn seines Dabeiseins nicht mehr. Denn das Wesen des Dabeiseins ist die Subjektivität – und, so fügen wir programmatisch hinzu: Das Wesen der Ethik ist die Subjektivität. Die Idee von der besseren Zukunft kommt im Leben der naiven Völker nicht vor. Zeitlos ist allein die Wahrheit der Subjektivität. Da der Fortschrittsglaube (der längst zu einem Zugzwang geworden ist) die zeitlosen Werte nicht kennt, erfindet er sich, wie G. J. Kennan dies formuliert hat, seine eigenen Helden und Bösewichter und formiert sich damit zu einer aggressiven Heilslehre. In der Demagogensprache lautet dann die Anklage gegen den Andersdenkenden: Hier will einer das Rad der Geschichte zurückdrehen. Es mag überaus töricht sein, wenn jemand dies will, aber kein unbefangener Mensch kann verstehen, was darin Böses liegen soll. Nur für den Fortschrittsgläubigen ist es die eigentliche Todsünde. Die Wahrheit ist aber eher wohl die, daß der Fortschrittsgläubige sich fortgesetzt darum bemüht, eine böse Vergangenheit sich auszudenken, ohne zu verstehen, daß es gute und schlechte Menschen zu allen Zeiten gegeben hat und geben wird.

Der Leitgedanke einer ethischen Evolution, bezogen auf die Menschheit, ist als solcher ein Attentat gegen die subjektive (religiöse) Wahrheit von Gut und Böse. Goethe weiß es besser: «Neue Entdeckungen können und werden geschehen, allein es kann nichts Neues ausgedacht werden, was auf den sittlichen Menschen Bezug hat.»

3.

Malignes Wachstum der Organisation. – Fortschritt in menschengemäßer Bindung an den gesunden Menschenverstand (an die Pragmatik) beruht auf Kenntnissen und Erfindungen. Fortschritt als fixe Idee ist gleichbedeutend mit fortschreitender Organisation – gleichbedeutend mit Zentralisierung. Der freie erfinderische Geist entfaltet sich im offenen Raum, und die Spielfreude ist eine der im naiven Leben nie versiegenden Quellen des Lebenssinnes. Bei der Organisation aber geht es um die Machtverteilung. Voraussetzung ist für das eine wie für das andere das konstruktive Denken – und bedenklich ist es, wenn der Zusammenhang zerreißt zwischen dem Können und der offenen Welt sinnlicher Freude. Wer oder was hat die Menschheit auf den Weg fortschreitender Organisation gebracht? Ganz offenkundig die abendländische Mentalität. Die Menschen haben es immer besser gelernt, ihr persönliches, hellsichtiges und hellhöriges Verhältnis zur offenen (Sinn in sich selbst habenden) Wirklichkeit zu opfern, um sich dem rational fundierten Glauben an die Organisation zu unterwerfen. Am Anfang dieses Weges steht unbedingt glaubhaft noch das notwendige Vertrauen auf die menschengemäße pragmatische Vernunft. Auf dem weiteren Weg aber, der von der pragmatischen Vernunft weiterführt zur Idee, werden auch die klügsten

Menschen unklug. Ein beschädigter Wirklichkeitssinn wird zur Berufskrankheit der Organisationsgläubigen. Es gibt eine Art von bodenloser Dummheit – wobei der Akzent auf dem Wort bodenlos (nämlich instinktlos und religionslos), nicht auf dem Wort Dummheit liegt, die man bei keinem naiven Menschen, nur bei den Experten findet, die zwar die Macht und die Kenntnisse haben, ohne jedoch das zweideutige Verhältnis auch der notwendigen Macht zum Daseinssinn zu verstehen. Hier wird dann deutlich, daß mit fortschreitender Organisation die naive, von Ideen unabhängige Art des Zusammenlebens der Menschen zerstört wird. Die sinnvolle Einfalt des Einzelnen wird überstimmt von den immer unverschämter werdenden öffentlichen Meinungen. Organisation und Öffentlichkeit erweisen sich als zwei miteinander kommunzierende Phänomene desselben Prozesses der Entindividualisierung.

Hier sei eine Anmerkung eingefügt: Wo immer im folgenden vom naiven Menschen gesprochen wird, ist immer nur eine relative Naivität (relativ im Verhältnis zur Reflexion) gemeint. Von absoluter Naivität zu sprechen würde bedeuten, sich auch schon wieder eines Konstruktes, einer Rückspiegelung zu bedienen.

Auf diesem Weg von der Naivität zur fortschreitenden weltweiten Öffentlichkeit und Organisation wird der Einzelne von der allgemeinmenschlichen Lügenhaftigkeit so überholt, daß er den Hintergrund einer sittlichen Lebensführung nicht mehr verstehen kann – jenem zum Glück freilich sich immer wieder regenerierenden Hintergrund, sofern man die Menschen nur in Ruhe lassen würde. Wenn der Hintergrund verloren geht, verwechseln die Menschen alle Wertbegriffe miteinander, sie verwechseln den Fortschritt, die Macht und das Machenkönnen, sie verwechseln den Sozialismus und den Humanismus, sie verwechseln das ganze Konglomerat von Ideen, die der Programmiersucht dienen und für weltweite Resolutionen sich eignen, mit dem, was das Dasein dem Einzelnen zu sagen hat und was nur im kleinen Kreise sich mitteilen läßt.

Unter den Erkenntnissen der Soziologie hat sich diese jedenfalls als durchweg gültig erwiesen: Das Maximum für effektive Arbeitsgruppen muß auf etwa zwölf Personen sich beschränken. Wahrheit gibt es nur im Nahbereich.

4.

Jakobinerjargon. – Das neunzehnte Jahrhundert war das Jahrhundert der Ideologien. Im damaligen Stadium war die Leuchtkraft der Ideen, die Leuchtkraft der dahinterstehenden zentralen Idee der Aufklärung noch stark genug, um die Menschen, die die Botschaft hörten und weitertrugen, über einen katastrophalen Mangel an Menschenkenntnis (der mit dem Wesen der Aufklärung von Anfang an verbunden war) hinwegzutäuschen. Noch aber waren die neuen Ideen trotz dieser Unkenntnis der menschlichen Natur, trotz des fast unbegreiflichen Mangels an skeptischen Vorbehalten gegenüber der Erwartung, neue Menschen, bessere Menschen produzieren zu können, in jenem Jahrhundert noch nicht von der Lüge zerfressen.

In unserem Jahrhundert erweist man zwar, vorzugsweise in Festreden, den Requisiten der Weltbilder aus dem Zeitalter der ehrlich gemeinten Aufklärung immer noch die rituell gewordene Devotion. Es fehlt aber an Denkkraft und Phantasie, um den Horizont der überkommenen rigide gewordenen Ideen aufzureißen. Erst recht will niemand sich seine Karriere mit solchen Versuchen verderben. Die Auguren wissen es besser als die Idealisten aus dem vergangenen Jahrhundert, daß man beim Spiel um Macht und Machenkönnen bei fortschreitender Organisation und Propaganda sich nicht besser tarnen kann als mit den Schlagworten aus dem Jakobinerjargon.

So schreitet dann die Auszehrung der überkommenen Ideale immer schneller fort, indem sie ersetzt werden durch immer vollkommenere Organisation und Publizität. Es siegt zunächst zwar der besserwissende Wirklichkeitssinn des Politikers, der schließlich dann aber doch wieder Schiffbruch erleidet angesichts der immer deutlicher sich abzeichnenden Endstation. Der Politiker wird überholt vom Geschäftemacher – die Endstation aber heißt Nihilismus.

5.

Überinformation bedeutet babylonische Sprachverwirrung. – Das Machenkönnen ist der Frage nach Sinn und Wert des Machens davongelaufen. Dies zu sagen klingt heute schon allzu trivial, und trivial sind auch die vordergründigen Zusammenhänge. Organisation und Information expandieren in einem Tempo, dem niemand mehr folgen kann, wenn er nicht sein Selbstsein und die mit dem Selbstsein verbundene Frage nach dem Wozu (wozu braucht man mich bei diesem Welttheater) verloren gibt.

Die Möglichkeit, sich selbst zu informieren, wird den Menschen unter den Füßen weggezogen. Die Selbstinformation wird durch die Fremdinformation überwältigt, zu deren Wesen es gehört, die Menschen einzubinden – nicht in die natürlichen, dem naiven Leben gemäßen Zusammenhänge, sondern in Zusammenhänge, die man sich ausdenkt, Zusammenhänge, die nur die Drahtzieher jeweils durchschauen, und die sich manipulieren lassen durch Gewalt, Geheimdienst oder Werbung.

Es ist ein trauriger Irrtum, Information mit Kommunikation zu verwechseln. Die Informationstechnik gehört, wie der Name sagt, den Bereichen der Mechanik an, sie folgt dem Siegeszug mechanischen Denkens und erschließt dieser Denkweise neu entdeckte Bereiche der Verhaltenslenkung. Kommunikation hingegen gibt es nur im subjektiven Bereich. Sie setzt voraus ein Ich und ein Du, und als die dritte subjektive Wirklichkeit das, was die Menschen mit Gott meinen, immer gemeint haben und meinen werden, wen man sie nicht irre macht in ihrem naiven Verhältnis zum Unerklärbaren. Nur diese drei subjektiven Wirklichkeiten sind in der Weise aufeinander bezogen, daß eines im anderen sich erkennt – erkennt im Sinne der Sprache des Alten Testamentes. Der Computer erkennt niemanden. Er kennt keine Anteilnahme.

Verglichen mit dem Ernst konkreter Beziehungen, die den Menschen verstehen lassen, daß er selbst, ganz persönlich er selbst gemeint ist, bleiben Beziehungen, die die Informationstechnik herstellen kann, geschäftliche Beziehungen, oder, bestenfalls, spielerische Beziehungen. Moderne Menschen sind gelangweilte Menschen. Spielereien im Bereich der Verhaltenslenkung sind beliebte Gesellschaftsspiele geworden. Mit solchen Spielen können die Psychotherapeuten am besten umgehen. Bei den Übungen, die sich Gruppentherapie nennen, kann es dann geschehen, daß alle Beteiligten erschrokken sind, wenn es ernst wird, das bedeutet, wenn die existentielle Angst ausbricht. Es kann nicht gut gehen, wenn man die Subjektivität der Menschen verstümmelt, indem man herausbricht, was von Beginn an ihr zugehört: Das Verhältnis des Menschen als eines Einzelnen zu Gott. Man will Verdrängungen lösen, hat aber als aufklärungsbewußter und moderner Mensch vorweg sein eigenes Selbst verdrängt.

6.

Kann konstruktives Denken Selbstzweck sein? – Soweit der Fortschritt sich mit der pragmatischen Vernunft im Bunde weiß, hat er mehr Überzeugungskraft als die Argumente einer auch noch so konstruktiven Philosophie. Das fragwürdige Spiel beginnt damit, daß man sich nicht mit dem nüchternen Fortschritt begnügt, sondern den Fortschritt als solchen unter Verfälschung der sittlichen Grundwerte als Heilslehre proklamiert. Das Imponiergehabe der Idee vom Fortschritt hat die Menschen verwirrt und hat sie vergessen lassen, daß es Zeiten blühender Kultur gegeben hat, die von dieser Idee nichts wußten.

Inzwischen aber ist die moderne Menschheit schon wieder dabei, ohne es zu wissen und zu wollen, dem Fortschritt alle Federn auszureißen. Schamlos nackt steht er nun vor uns, reduziert auf den Begriff der Effektivität als Selbstzweck. Nun erst sind wir dabei, vollends glaubenslos zu werden. Wir fragen, was am Ende denn eigentlich funktioniert im modernen Leben, und wir müssen antworten: Von allem, was effektiv ist, bleiben übrig nur die Organisation und die Information. Sie sind zum Inbegriff des Funktionierens geworden – mehr noch, sie funktionieren immer besser. Auf diesem Wege aber bleibt vom Fortschrittsglauben nichts als Illusion und Sucht und Hohn auf jeden Glauben, auf jeden Traum. Trotzdem hoffen wir alle, daß dies nicht das letzte Wort sein wird, denn einen so elenden Schrumpfungsprozeß hat eine ursprünglich so lebenskräftige Idee wohl doch nicht verdient.

Greifen wir auf die Wurzeln zurück, dann muß es uns zu denken geben, daß diese Wurzeln sehr tief reichen in die Bereiche vitaler Spannung, Kraft und Fülle. Hinter den hochgetriebenen Leistungen der Technik, hinter alledem, was die Menschen zu Erfindern und Tausendkünstlern gemacht hat, hinter ihrem Wagemut finden wir jene Naturgabe, die verbunden ist mit den Voraussetzungen menschlicher Existenz, unabtrennbar vom ursprünglichen Daseinsentwurf des Menschseins. Es ist die Gabe des zugreifenden konstruktiven Denkens.

Das Tier wird vom Dasein getragen, es bedarf keines konstruktiven Denkens, es ist «verständigt» von jenem Hintergrund her, den die Wissenschaft – konstruktiv denkend, in den Begriffen der Mechanik denkend, objektiv denkend – zu klären glaubt, indem sie von den Instinkten spricht. In Wahrheit bezeichnet dieses Wort freilich nichts anderes als unser fundamentales Unverständnis für die Hintergründe des Lebens überhaupt. Der naive Mensch meint und weiß dasselbe, wenn er sagt, daß das Tier seiner Natur folgt. Er bedarf keiner scheinwissenschaftlichen Begriffe die über seine Art des Verstehens so oder so nicht hinausführen.

Der Mensch selbst nämlich ist von seinen Anfängen her verständigt – und hier geht es allerdings um etwas, was psychomechanischem Denken erst recht nicht zugänglich ist – er ist verständigt durch das, was anstelle der Instinkte die Religionen ihm sagen. Versucht er, die Religion durch Wissenschaft zu ersetzen, dann ist er endgültig nicht mehr «verständigt».

So unsicher er sich aber über den Sinn seines Daseins ist, so wenig jemals der Daseinssinn durch Denken ersetzt werden kann (Leonardo da Vinci hat es bereits gesagt, daß die Erkenntnis, die nicht durch die Sinne gegangen ist, keine andere Wahrheit erzeugen könne, als eine schädliche), so hat er doch mit verbissenem Trotz die Positionen ausgebaut, die ihn der übrigen Natur gegenüber überlebensfähig machten. Mit jahrtausendelangen Anstrengungen hat er es dann erreicht, dem Endsieg immer näher zu kommen und über seine Mitwelt zu triumphieren – und vielleicht zeigt nichts seine Anmaßung besser an, als daß er diese seine Mitwelt degradiert hat, indem er sie als seine «Umwelt» zu bezeichnen sich gewöhnt hat, eine vom Ansatz her egozentrische Denkart – anders gesagt aber eben eine vom Ansatz her konstruktive Denkart.

Jetzt aber, kurz vor dem Endsieg, sieht es so aus, als ob die von ihm beherrschte, entfremdete, zum Objekt gemacht, unverstandene, mißhandelte Natur ihn in den Sog eines schrecklichen Sinnverlustes hineinzieht. Er ist dabei, sich alles zu verderben, was ihm Religion und Ethik ehedem über den Sinn seines Lebens sagen konnten. In der Tat also: alles Gute und alles Schlimme verdankt er dem Einsatz seines konstruktiven Denkens. Es ist ihm gelungen – teuflisch oder prometheisch, wie man es deuten will – eine zweite menschengemachte, menschenerdachte Wirklichkeit abzuspalten von der sinnlich-sinnhaften Wirklichkeit. Er hat gelernt, ein Modell der Wirklichkeit zu konstruieren (und in diesem Sinne ist er ein Baugenie und zugleich auch ein Genie der Lüge), das er vor die hintergründige Wirklichkeit schiebt – solange, bis durch seine Kunstgriffe das Modell ihm zu seiner zweiten Wirklichkeit geworden ist.

Das Modell erlaubt es ihm, Zeit und Raum

und alles, was er vorfindet, zu messen. Mit diesem Modell zu arbeiten, ist im Bereich der Wissenschaften seine ganze Lust, sein ganzer Eifer geworden. Hier wirft er den Ball hin und her zwischen dem, was er sich ausdenkt, und was das Experiment ihm bestätigen kann. Jedermann kann es nachvollziehen und nachprüfen, jedermann kann die Künste bewundern, die hier am Werke sind. Und doch ist es ein zwar notwendiges, aber ein desperates Spiel, wenn es ihn am Ende dahin bringt, immer mehr machen zu können und immer weniger zu verstehen von dem Wozu und Wohin.

Konstruktives Denken ohne Hintergrund ist herrschsüchtig.

7.

Es ist nicht Wahrheit, sondern Wahrhaftigkeit, was Gott von uns will. – Konstruktiv im Denken wie im Handeln – das ist nach europäischen Maßstäben der Inbegriff der Lebenstauglichkeit – und darüber hinausgreifend hat man es zum Inbegriff sittlicher Forderungen gemacht. Selbst die christliche Botschaft der Nächstenliebe muß in unserer, der abendländischen Welt sich ausweisen können: Es genügt nicht, gut zu sein. Um das Gute zu praktizieren, muß es organisiert werden.

Die Frage, die uns hier angeht, soll nicht ansetzen an der Selbstverständlichkeit, an dem fraglosen Wert der für das Menschsein notwendigen Denkkraft und Tatkraft. Wir haben aber sehr viel Anlaß, die schwachen Stellen in einem Weltbild zu prüfen, das sich zu einseitig stützt auf die Glaubwürdigkeit des konstruktiven Denkens. Wo schlägt konstruktives Denken in Konstruktionssüchtigkeit um, an welchen Stellen wird ein konstruktiv entworfenes Weltbild zu einem konstruierten Weltbild? Wo wird aus den notwendigen Konstruktionen eine Fehlkonstruktion?

Um eine vielsinnige Antwort vorwegzunehmen: Immer da, wo mit dem zugreifenden Denken und dem zugreifenden Tun die Offenheit des Daseins und die Ehrlichkeit der Sinndeutung verdorben wird. Immer dann, wenn die ausgedachte Welt und Wirklichkeit verwechselt wird mit dem Tiefsinn der vieldimensionalen Wirklichkeit. Um das Problem aber da zu fassen, wo es vom Grunde her mit allem, was wir Glaube und Religion nennen, mit allem, was der Sinnfrage zugehört, zusammenhängt, soll die weitere Antwort vorweggenommen werden:

Die Fehlkonstruktionen im Gesamtbau unseres Weltverstehens müssen verstanden werden als Fehlkonstruktionen, die der Ethik das Lebenslicht nehmen.

Es stimmt etwas nicht mit dem Gewölbe und den lichtgebenden Fenstern in dem imponierenden Bau. Die hochgezüchtete Denkschärfe wird die Menschheit nicht davor bewahren, sich auszudenken, wie sie am Ende sich selbst vernichten kann. Der Mangel an Offensein und an Offenheit (beides gehört, sittlich gesehen, zusammen) ist es, der die Denkschärfe gefährlich macht. Nicht weil es an moralischem Eifer im Denken und Planen fehlt, verstricken die Völker sich in die immer gigantischer werdenden Lügen, sondern weil sie sich mit diesen Planungen das Dasein da verbauen, wo es offenbleiben sollte, an den Stellen verbauen, wo es um den Einzelnen geht. Wir werden auf das Problem zurückkommen: Die Offenherzigkeit allein bewahrt vor den großen Lügen unserer Zeit. Mit jeder Wahrheit hingegen, die sich zur Lehre formiert, gewinnt die Lüge immer neues Terrain. Noch einmal soll es gesagt sein: Der Mensch ist nicht dazu geschaffen, die Wahrheit zu finden. Was Gott von ihm will, ist die Wahrhaftigkeit.

8.

Konstruktives Denken im Zusammenhang von Rasse und Klima. – Die Frage nach der Reichweite konstruktiven Denkens (Planens, Tuns) ist ein anthropologisches Problem und in aktueller Weise ein abendländisches Problem. Vom Abendland ausstrahlend ist es zu einem Problem der gesamten Erdbevölkerung geworden.

In der Tat geht es hier ja auch nicht um das Privileg einer bestimmten Rasse. Die Anfänge des Menschseins überhaupt sind gleichbedeutend mit den Anfängen der Weltgestaltung durch den Menschen. Trotzdem kommt gerade auch in dieser Sicht die Rassenpsychologie ins Spiel – vorausgesetzt, daß man sie versteht vor dem Hintergrund einer Anthropologie, die sich gleichweit entfernt hält von einem Rassenwahn wie von einem Gleichheitswahn. Beide Arten des Wahnes, beide Arten von ideologischer Lüge sind ethische Mißverständnisse. Jeder Blick auf die biologische Dimension des Menschseins, wenn es ein offener Blick ist, der diese Dimenion nicht verwechselt mit den beiden ganz anderen Dimensionen des Ethischen und des Sozialen, sagt uns auf überzeugende Weise, daß die konstruktiven Fähigkeiten einer Rasse, daß die Art, wie diese Fähigkeiten verbunden sind mit der Problematik des Zeitbewußtseins, mit der Notwendigkeit planender Vorausschau, umso mehr Bedeutung haben mußten für die Überlebensmöglichkeiten eines Volkes, je mehr die Menschen gefordert wurden durch ein schwieriges Klima und eine schwierige Landschaft.

Daß das naßkalte Europa züchterischen Einfluß gehabt hat auf den Rassentypus, kann nicht bezweifelt werden. Hier hatte der sorglose Mensch die wenigsten, der ernste, allzu ernste, der vorsorgende Mensch die besten Überlebenschancen. Der Nordeuropäer ist nicht zufällig repräsentativ für den Typus des «Entwicklungshelfers» – in sehr guter wie in fragwürdiger Bedeutung.

Ein anderer Menschentypus, den man ebenfalls als einen progressiven mit Hinblick auf den körperlichen wie den psychischen Habitus bezeichnen kann, hat sich in den Bereichen der uralten Stadtkulturen Vorderasiens als erstaunlich überlebensfähig erwiesen. Ein wiederum anderes Gesicht zeigt der repräsentative Menschentypus in den Bereichen der nicht weniger alten ostasiatischen Hochkulturen. Nirgends anderswo als hier finden wir Menschen von so erstaunlicher Integrationsfähigkeit in allen psychischen Bereichen.

9.

Konstruktives Denken als Merkzeichen abendländischer Zivilisation. – Behalten wir unseren, den abendländischen Kulturbereich im Blickfeld, so zeigt es sich, daß es verschiedene vorzüglich konstruktiv begabte Völker waren, die die Geschichte und Kulturgeschichte geprägt haben.

Konstruktiv in ihrem Weltverständnis waren von Anfang her die Juden. Sie waren es in der Art, wie sie den Monotheismus den naiven, sinnlichkeitsnahen Naturreligionen entgegenstellten. Ihr Gott ist ein planender, lenkender, handelnder Gott. Sie überraschten fernerhin seit dem Zeitalter der Aufklärung die Welt mit Beweisen einer bewundernswerten Leidenschaft, die eine Leidenschaft der Vernunft ist. Das konstruktivste Volk unter allen Völkern der Vergangenheit waren die Römer. Mit ihrer Grammatik, ihrer Rechtssprechung, ihrem Straßenbau haben sie überall die Sumpfgebiete archaischen Denkens trockengelegt.

Unter den Völkern der Neuzeit läßt sich England als Beispiel nennen für die Bedeutung des Importes, der Aufpfropfung latinisierter Sprache und Begriffswelt in den Bereichen der Politik und Verwaltung.

Die konstruktive Begabung der Deutschen hat sich wie nirgends sonstwo in den Bereichen des Systemdenkens entwickelt. Die deutsche idealistische wie die zugehörige materialistische Philosophie zeigt triumphale Höhepunkte an in den erfolgreichen Bemühungen, das Ordnungsbedürfnis dieses Volkes mit den metaphysischen Bedürfnissen zusammenzufügen.

10.

Die Tragödie abendländischer Ungeduld. – Vom Abendland ausgehend hat das konstruktive Denken einen Siegeszug angetreten, der alle anderen Rassen und Völker, ob mit oder gegen ihren Willen, in Bewegung gebracht hat. Werden die anderen Länder (mit ungewollter Ironie als Entwicklungsländer bezeichnet) auf weitere Sicht es lernen, ebenfalls so konstruktiv zu denken, wie man es sie lehren will: wissenschaftsgemäß zu denken, technisch zu denken, und hinter alledem vorsorglich zu denken? Das große Fragezeichen, das man hier setzen muß, in lauter kleine Fragezeichen. Ungefähr diese Antwort aber zeichnet sich ab: Man kann nur das übermitteln, was von der Mentalität der jeweils anderen Völker nicht sogleich wieder abgestoßen wird wie fremdes Gewebe.

Mit der fortgesetzten Übung im konstruktiven Denken werden Fertigkeiten entwickelt, die nützlich sind, aber mit der Sinngebung des Lebens nur sehr vordergründig etwas zu tun haben. Die Gebenden wie die Nehmenden demoralisieren sich wechselseitig. Hinter der Front dieser Wechselbeziehungen greift die sittliche Verwahrlosung um sich. Lüge, Gier und Undank entwickeln sich in einem dem naiven Leben durchaus fremden Ausmaße. Die Gefahr wird, so muß man fürchten, zu spät erkannt. Indem man konstruktive Daseinsentwürfe ohne die ursprünglich dazugehörenden Wurzeln übernimmt, werden die ethischen Grundlagen des Menschseins zerstört. Die Fausttragödie ist eine Tragödie der Ungeduld.

11.

Intellektualität ist nicht zuständig für die Ethik. – Hier stehen wir vor der Frage, ob die ethischen Wertvorstellungen des Abendländers nicht bereits in ihren Ursprungsländern die Wurzeln eines weltfrommen naiven Lebensgefühles so tief geschädigt haben, daß man sie als Fehlkonstruktionen bezeichnen darf. Wir gehen der Frage rückhaltlos zuleibe, wir fragen, ob wir die Ethik der Aufklärung und des Liberalismus als eine von Lügen deformierte Ethik bezeichnen dürfen.

Von den Anfängen her dürfen wir es nicht. Was wir am Anfang finden, ist die Lauterkeit der Gesinnung. Es sollte nicht nötig sein, hier an die großen Denker der Frühzeit des 19. Jahrhunderts zu erinnern und ganz besonders der «Meisterdenker», wie ein Franzose sie genannt hat, zu gedenken, die den deutschen Idealismus begründet haben. Kants kategorischer Imperativ wird mit berechtigtem Stolz vorgezeigt als Zeugnis eines Humanismus, der jeder Korruption ein klares Nein entgegenstellt.

Hier aber halten wir ein: Diese, die Kantsche Ethik ist das Meisterwerk einer konstruktiven Ethik, die sogleich auch die Kehrseite erkennen läßt, für die dann für das Wort «konstruktiv» das Wort «konstruiert» eingesetzt werden kann. Goethe hat dies von Anfang an verstanden: Kants Ethik ist die Ethik der Verallgemeinerung – eine notwendige, aber eine ausgedachte Ethik. Sie läßt sich nicht ein auf die lebensvollen Gesichter der Menschen und auf das menschliche Herz, das dazu gehört, nicht auf die Lebenskraft, die zugleich eine sittliche Kraft ist, die Kraft der warmherzigen Anteilnahme.

Konstruktives Denken unterliegt dem Zugzwang logischer Verallgemeinerung. Überall im weiten Umfeld ausgedachter Ethik haben in der Folgezeit die Humanisten sich für das Wohl der ganzen Menschheit eingesetzt. Je anspruchsvoller jedoch die moralischen Zielsetzungen in der Theorie sich darstellten, desto radikaler bemächtigte in der Praxis sich die Organisation der vermeintlichen Menschheitsidee – desto leichter wurde es den Lügnern gemacht, mit den wahren Menschenfreunden sich an den gleichen Tisch zu setzen und mit den Idealisten verwechselt zu werden.

Die Menschenwürde und die Menschenrechte – wer kann sein Herz verschließen, wenn dies ehrlich gemeint ist –, aber schon Matthias Claudius hat sie kurzweg – wir gebrauchten das Wort bereits – als den Jakobinerjargon bezeichnet.

Der organisierte Humanismus, ein nivellierter Humanismus, der als Zungenbekenntnis nichts kostet, aber manchem Wortführer vieles einbringt, hat den Humanismus der Anteilnahme unkenntlich gemacht, wie es ganz offenkundig etwa sich anzeigt im virilen Denken patriarchalisch geprägter Zeiten, in denen die weniger rigide weibliche Art der Empfindungen dem konstruktiven Denken untergeordnet wurde.

Vom Hintergrund her konnten zwar wie von selbst die christliche Botschaft und der Humanismus, soweit er ein Humanismus der Anteilnahme ist, sich immer wieder zusammenfinden. Aber eine Ehe des Christentums mit dem organisierten Humanismus ist beinahe ein Skandal, blamabel für beide Partner in Anbetracht des brennenden Ethos der christlichen Nächstenliebe, die in Wahrheit den Nächsten in seiner unmittelbaren Wirklichkeit meint, die das Ich in seiner Beziehung zum Du meint, die das Hier und Jetzt meint, die nicht die Objektivität, sondern die Subjektivität meint – mit einem Wort: die das Offensein für die Subjektivität des anderen meint.

Daran gemessen bleibt die Sorge um den Fortschritt der Menschheit, soweit man ihn gleichsetzen möchte mit dem Fortschritt der Menschlichkeit, zwar eine täglich neue Aufgabe – aber hier geht es um Fragen der Pragmatik, der Übereinkunft, der ausgleichenden Vernunft. Hier sind hohe Ideale fehl am Platz. Wo immer sie ins Spiel gebracht werden, fängt auch schon das Falschspiel an: Ethik und Vernunft, Egoismus, Gruppenegoismus und Idealismus werden so miteinander vertauscht, daß alle Werte vom Schwall demagogischer Lügen unterspült und überspült werden.

Wir sind darauf dressiert, zu meinen, die Ethik finge damit an, daß sie sich verallgemeinern ließe. In exemplarischer Weise beruht Lenins Wirken und Lehre auf dem Prinzip der totalen Unpersönlichkeit. Sollte es nicht umgekehrt sein: die Ethik fängt da an, wo die Verallgemeinerung aufhört?

12.

Verdirbt die Logik die Moral? – Der fragwürdige Fortschritt wäre ein glaubhafter Fortschritt, wenn man den Glauben an die Menschheit (als Ersatz für den Glauben an Gott) nicht überfordern würde. Im Nahbereich hat der Humanismus seinen Raum, hier kann und darf und wird er sich einfach und ehrlich geben.

Hier – aber nur hier – ist auch der Liberalismus zuständig. Hier ganz offenbar findet die liberale Gesinnung das ihr gemäße Klima, in dem sie leben und sich regenerieren kann. In diesem Fluidum ist sie gleichbedeutend mit Anständigkeit (Fairness) und Humor im Umgang mit allen Menschen, großen wie kleinen, gleichbedeutend mit Freude an den Menschen. Hier ist das Feld, auf dem in der Tat auch vieles aufgegangen ist von der Saat, die die Pioniere des Zeitalters der Aufklärung gesäht haben, hier haben sich die Wertvorstellungen des gebildeten Bürgertums entwickelt – mag die Bürgermoral im Alltag auch immer wieder zu einer organisierten Wohltätigkeit entarten, die den wirklich Nächsten nicht erreicht. Hier darf man von einem Fortschritt im Verhältnis der Menschen zueinander sprechen, zu dem das Abendland sich bekennen darf ohne sich zu schämen.

Die Brutalität als Massenerscheinung, nachdem sie noch einmal auf schrecklichste Weise angeheizt worden war nach dem Verfall des Bürgertums (der Verfall war Hand in Hand gegangen mit der Gründerzeit), angeheizt durch antibürgerliche Idealisten, Revolutionäre und Despoten (drei Spielarten einer im Grunde sehr ähnlichen Mentalität), ist, zurückhaltend formuliert, heute in keinem der europäischen Länder mehr «zeitgemäß». Figuren wie Hitler oder Stalin sind bei Blick auf die absehbare Zukunft nicht mehr vorstellbar. Zeitgemäß sind viel eher verborgene Unmenschlichkeiten kaltherziger Art, indem mit wachsender Organisation und wachsender Öffentlichkeit der Ehrlichkeit und Rechtschaffenheit fast unbemerkt das Wasser abgegraben wird.

Die gleiche Öffentlichkeit fördert immerhin

auch ein in gutem Sinne liberales Verhältnis der Menschen zueinander. Ein anderes Gesicht zeigt der pathetisch-moralisch überhöhte Liberalismus. Liberaler Gesinnung ist die Herrschsucht fremd, Liberalität als Prinzip aber ist machtsüchtig, oftmals gehässig, weil dies zum Wesen aller Prinzipien gehört. Hier hat sich ein Zwittergebilde entwickelt aus moralischem Eifer und Demoralisierung von der Basis her. Das Götzenbild des Liberalismus ist die abstrakte Individualität (die abstrakte Subjektivität) – eine Individualität ohne Gesicht, ohne Farbe, ohne Sinn – vereinfacht gesagt ohne Instinkt und ohne Religion. Nietzsche hat den sehr tiefgreifenden Gedanken entwickelt, daß die Individualexistenz des Menschen tiefere Gründe hat als das Bewußtsein. Das Bewußtsein ist viel eher das, was allgemein und gemeinschaftlich ist.

Es bleibt, so fahren wir fort, von der Identität der Person nicht viel übrig als eine Nummer, wenn man sie prinzipiell ablöst von der naiven Identität, zu der Heimat und Volk gehören, und wenn sie gleichzeitig aber auch hoffnungslos zurückbleibt hinter dem Ernst der selbstgewählten, sich selbst verantwortlichen Identität, die bei weitem nicht sich unterbringen läßt im rationalen Überbau, sondern weit genug ausholt, um alles, was zum Geheimnis der Individualität gehört, zu umfassen und mit Leben zu erfüllen.

Wozu, so darf man fragen, der moralische Eifer der progressiv Denkenden, wenn schließlich nichts übrig bleibt von der unverwechselbaren Identität der Völker und des Einzelnen? Der liberale Moralist fragt nach der Verantwortung, hat aber keine andere Sorge, als ein absolut rationales Menschenverständnis zu entwikkeln, in dem die Verantwortung logischerweise gar nicht vorkommen kann. Er demontiert die Begriffe von ehrenhaft und unehrenhaft und von gut und böse, weil er Logik und Moral verwechselt. So steht der Mensch im Zeichen eines überspannten Liberalismus ratlos dem Phänomen wachsender Kriminalität gegenüber. Ethik und Pragmatik sinnvoll, lebensvoll miteinander zu verbinden, von Fall zu Fall miteinander zu verbinden, wie jeder Richter mit gesundem Menschenverstand es immer neu versuchen muß, wird auf Grund der liberalistischen Begriffsverwirrungen zu einem unlösbaren Problem, wenn man Sinn und Wesen der Strafe abschaffen will.

Damit schafft man zusammen mit dem Bösen auch das Gute ab, und einfach denkende Menschen fühlen sich im Stich gelassen wie nie zuvor in der Geschichte. Rechtsordnungen von einiger Dauer müssen auf zwei Beinen stehen:

Sie setzen das Ideal unabhängiger Rechtssprechung voraus, unabhängig von Machtkonstellationen, unabhängig auch von Zeitgeist und Volksmeinung. Um diesen letztgenannten Begriff aber vor Mißverständnissen zu schützen, muß hinzugefügt werden: Das Übel sind die *manipulierten* Volksmeinungen. Die andere Voraussetzung aber ist ein bejahendes Vertrauen auf gewisse Selbstverständlichkeiten rechtschaffener Lebensführung, die älter sind als die vom Zeitgeist abhängigen Ordnungen. Werden auch Ordnungen in Frage gestellt, hinter denen zeitlose Wertvorstellungen stehen, dann ist kein fester Boden mehr zu finden, dann wächst die Ratlosigkeit, und eben diese Ratlosigkeit zu nutzen auf schlaue oder auf brutale Weise, ist die Lebenskunst des Verbrechers.

Dieser Bodenlosigkeit des Denkens, wo es um Gut und Böse geht, ist das Wort von Dostojewski entgegenzustellen: «Aber trotz der verschiedensten Gesichtspunkte wird jeder zugeben, daß es solche Verbrechen gibt, die überall und immer nach allen möglichen Gesetzen als zweifellose Verbrechen gelten und keine andere Beurteilung finden werden, solange der Mensch ein

Mensch bleibt.» Eine radikal liberalisierte Welt wird an ihren eigenen Voraussetzungen zugrunde gehen.

13.

Das Erstgeburtsrecht der Ethik. – Unser Menschenverständnis leidet an fortschreitender Auszehrung, denn das, was die Idealisten vorzeigen, sind Kopfgeburten. Von den drei Dimensionen des Menschlichen, der biologischen, der soziologischen und der ethischen, hat sich seit Karl Marx – dem Materialisten, der in Wahrheit ein Idealist war – die soziologische, die Frage nach dem, was die Gesellschaft aus dem Menschen macht, zu einer Ideologie entwickelt, die die Ethik um ihr Erstgeburtsrecht betrügt. Die Menschheit im ganzen auf gleiches Niveau zu bringen, ist eine sittliche Forderung, die Verwirrung bringt. Sie hat gleichsam zwei Köpfe: Der eine Kopf wendet sich der Idee von einer zukünftigen besseren Menschheit zu – einer schönen Idee, aber so unsicher in ihrer Orientierung, daß man die Himmelsrichtungen total verwechselt. Man verliert sich im Nebel der Wertbegriffe und findet den Sinn und Hintersinn nicht mehr, wenn man eine Antwort sucht nach der

Bedeutung von Glück und Leid für den jeweils Einzelnen. Man verwechselt die christliche Botschaft, die unbedingt den Einzelnen meint, mit dem Sozialismus und endet bei dem Türkenglauben an die endgültig vollkommene Organisation.

Der andere Kopf hat nichts anderes im Blick als Konzeptionen des menschlichen Zusammenlebens, die das Menschsein auf ein Niveau bringen, das möglichst so niedrig angesetzt wird, daß so viele als möglich es erreichen können und alle Nachzügler mitgenommen werden. Niemand wird sich heute dem eindeutig ethischen Werturteil verschließen, daß Sklavenhaltung degradierend ist. Die Einsicht, daß Herrschaftsverhältnisse in der Regel degradierend (und zwar für beide Seiten) sind, gibt der Soziologie in der Tat ein ethisches Rückgrat. Niemand kann sich aber auch der Tatsache gegenüber dumm stellen, daß Sklavenhaltung und ein hohes Kulturniveau in alten Zeiten sich miteinander vertragen haben.

Wir sollten uns nicht dessen allzu sicher sein, daß wir endgültig ein besseres Menschenbild haben als die alten Zeiten. Wir degradieren den Menschen von der anderen Seite her. Der Grundgedanke als solcher, daß der Mensch das sei, was die Verhältnisse aus ihm machen, ist degradierend. Wenn wir uns von diesem Gedanken nicht distanzieren, ist es müßig, auch nur ein Wort über Menschenwürde zu verlieren. Noch nie wurde so viel von Menschenwürde gesprochen, aber bei genauerem Zusehen zeigt es sich, daß Menschenverachtung gemeint ist.

Mit alledem wird der Wahrheitsgehalt im sozialen Denken nicht in Frage gestellt. Es ist zunächst aber, um es zugleich positiv und einschränkend zu sagen, ein Wahrheitsgehalt von konstruktiver Art. Alle politischen Entwürfe, die darauf basieren, haben als solche nichts zu tun mit der konkreten (subjektiven) Partnerschaft von Ich und Du. Der Sozialist ist als solcher nicht legitimiert, mehr als andere zuständig zu sein für Menschenliebe und Anteilnahme. Er lügt ebenso oft und ist ebenso oft ehrlich wie andere Menschen, die sich nicht an eine sozialistische Idee binden.

14.

Das unlösbare Rätsel der Individualität. – Um das Gewicht wissenschaftlicher Wahrheit, unabhängig vom subjektiven Ernst des Menschseins, geht es auf einem ganz anderen

Feld der Auseinandersetzungen um die Gültigkeit der verschiedenen Dimensionen des Menschseins. Die beiden Dimensionen, die wir nannten, die soziologische und die biologische haben sich den Krieg erklärt, einen ideologischen Krieg, einen sinnlosen Krieg. Es geht hier längst nicht mehr um begründete Streitfragen wissenschaftlicher Art. Es geht um ein lächerliches Mißverständnis: Beide Dimensionen haben sich mit der dritten Dimension, der ethischen verwechselt.

Killerworte zerstören das Menschenverständnis. Rassismus und Antirassismus sind gleicherweise ethische Mißverständnisse.

Die Erbforschung ist von der Methodik her ebenso objektivierend und konstruktiv, wie die soziologische Forschung. Die Frage, was für den Menschen mehr bedeutet, das, was er an Erbanlagen mitbringt, oder das, was die Gesellschaft aus ihm macht, ist dem Prinzip nach ebenso absurd, als wollte man fragen, zu welchem Anteil das, was im Gasthaus auf den Tisch kommt, auf die verwendeten Rohstoffe, und zu welchem Anteil es auf die Kunst des Koches zurückzuführen sei.

Die Vererbung ist überall dabei, sie gehört zu den Realitäten des Menschseins unabhängig von subjektiver Deutung. Sie prägt den Biotypus von Mann und Frau, den Biotypus der Rasse und den der Konstitution. In allen drei Fällen geht es zwar auch um meßbare Unterschiede, aber dies nur in zweiter Linie. Es geht viel eher um Stilgesetze und um nicht meßbare Eigentümlichkeiten der Physiognomie, in der untrennbar voneinander Körperbau, Charakter und Temperament (bei Tieren ebenso wie bei Menschen) sich bekunden. Jeder Tierzüchter weiß, daß auch die Tiere von Geburt an Individualität und Charakter haben, und daß dies auch in ihrem Erscheinungsbild sich bekundet.

Tiere wie Menschen sind durchaus so, wie sie aussehen – aber das freilich ist eine Behauptung, die entweder einen sehr unbefangenen, einen naiven Blick oder eine Kennerschaft voraussetzt, die man üben, aber nicht von Grund auf lehren oder lernen kann.

Hier allerdings öffnet sich eine Perspektive, die jeweils hinausgeht über alles, was sich wissenschaftlich über Mensch und Tier sagen läßt. Dem konstruktiven (objektivierenden) Denken für immer entzogen, und hinter allem, was man über menschliches Verhalten lernen und lehren kann, was man demgemäß für die Menschenführung auswerten kann, bleibt das Geheimnis der Individualität verborgen – ein Geheimnis, das in dem Augenblick aufleuchtet, in dem gefragt wird: Was bedeutet Dir selbst dein Biotypus? Hier beginnt die Subjektivität, hier beginnt die Souveränität.

Das Geheimnis der Individualität ist aber vom Hintergrund her nicht dem Menschen vorbehalten, sondern dem Leben selbst zugehörig. Kein lebendes Wesen ist einem anderen gleich.

Hier, auf dem Weg, der hinausweist über die biologische Dimension, die, soweit sie der objektiven Wissenschaft (ein Pleonasmus übrigens) von der Natur des Menschen zugehört, absolut wertfrei ist, gelangen wir an einen Punkt, von dem aus ethische Mißverständnisse sich wieder auflösen. Auf die Frage nach Gleichheit oder Ungleichheit der Menschen fällt vom Ethischen her gesehen ein anderes Licht als das der Wissenschaft. Im Licht der Subjektivität ist der hintergründige, der eigentliche Wert, der allein vor Gott gültig bleibt, die Individualität als solche – und an diesem Wert teilzuhaben, ist (unabhängig von dem, was er objektiv ist) jedem Menschen vorgegeben. Jedem Menschen ist es vorgegeben, ein Einzelner zu sein. Hier öffnet sich uns eine paradoxe Wahrheit, die darin besteht, daß es eine ethische, eine metaphysische Gleichheit gibt, die davon gerade ausgeht, daß jeder von jedem verschieden ist – daß jeder ein Ich und ein Du ist. Die Wissenschaft kann weder das Ich noch das Du beweisen, aber wer beides nicht versteht (indem er durch konstruktives Denken sich auf ein falsches Bezugssystem festlegt) versteht vom Ethischen her nur das, was sich ausdenken (und verallgemeinern) läßt, aber nicht das, was von Anfang bis Ende da ist: der zeitlose Sinn der Subjektivität.

15.

Die Natur als Opfer der Objektemacher. – In ethischer Bedeutung ist jeder Mensch ein Einzelner, und am sichersten zeigt sich uns dies darin an, daß er nur als Einzelner im anderen, im Partner, den Einzelnen erkennen kann. Sobald wir wissenschaftlich vom Menschen sprechen, verschwindet der Einzelne aus unserem Gesichtsfeld. Die Soziologie, die Verhaltenslehre, die Völkerkunde sagen uns etwas, was auch wahr ist, aber auf andere Weise wahr: daß der Mensch in objektiver Sicht ein Gruppenwesen ist.

Die Selbstverständlichkeit dieser Aussage wird noch verdeutlicht, wenn wir feststellen, daß er in zweierlei Weise ein Gruppenwesen ist: Er ist von Natur her ein Gruppenwesen, und er macht sich zum Gruppenwesen.

Er wird hineingeboren in natürliche Ordnungen, und er schafft sich Ordnungen, die er seinem konstruktiven, anders gesagt seinem unbedingt notwendigen, leider aber unersättlichen Bedürfnis nach Organisation verdankt. Hinter den beiden objektiv faßbaren Ordnungen (die eine biologisch, die andere soziologisch zu verstehen) stoßen wir aber hier wie dort auf die weit offene Frage nach der Identitätsfindung.

So kommen wir, nachdem wir uns objektiv orientiert haben, unweigerlich zurück auf die objektiv nicht faßbare Ethik des Selbstseins: Inwieweit kann oder muß oder will ich mich identifizieren mit dem, was hier die Biologie, dort die Soziologie über mich aussagt? Vereinfacht, im Grunde allzu einfach gefragt: Finde ich mich wieder in dem, was zu meiner Natur gehört, oder finde ich mich selbst genau in der Position, die die allgegenwärtige und allmächtige Organisation und Klassenzugehörigkeit mir zuweist? Man kann es differenzierter ausdrücken. Unsere Fragestellung hilft nur weiter, wenn wir zunächst einmal sagen, was wir mit Natur meinen. Offenbar gehört ja gerade das konstruktive

Denken so sehr zum Wesen des Menschen, daß wir sagen können, daß es zu seiner zweiten Natur gehört im Unterschied zur ersten Natur, die er mit den Tieren teilt. Man muß aber wissen, daß wir nie zu Ende kommen, wenn wir sagen sollen, was wir mit dieser ersten Natur meinen. Meinen wir nur die objektive Natur, die Natur im Sinne unserer Naturwissenschaften?

Im Zeitalter Goethes meinte man sehr viel mehr, man meinte die dahinterstehende weit offene Natur.

Hier hat uns das objektive Denken (das Objektemachen, von dem wir besessen sind) in einen verengten Weg hineingetrieben. Es hat die Ethik aus der ersten Natur herausgezogen und hat sie der zweiten Natur des Menschen zugewiesen, in der alles Platz hat, was immer die Ideologen sich ausdenken. Man hat damit die Ethik heimatlos gemacht. An dieser Stelle läßt sich die Fehlkonstruktion abendländischen Denkens am deutlichsten aufzeigen. Hier ist ein fundamentales Mißverständnis in unser Naturverständnis hineingeraten, das sich primitiv ausdrücken läßt, wenn wir zunächst einmal sagen: Man hat der Natur die Seele genommen.

Versuchen wir aber weiter auszugreifen, dann finden wir eine andere Formulierung:

Man hat die Individualität in eine falsche Ebene, in die des Ausgedachten abgeschoben.

16.

Der trostlose Waldbrand der Abstraktion (Kierkegaard). – Die Aufklärung hat ein Entwicklungsschema entworfen, das sich bezeichnen läßt als das Schema linearen Denkens (es geht vorwärts und aufwärts). In dieses Schema, in diese Linienführung wollte man auch das Menschenverständnis hineinzeichnen – und mit einem solchen Menschenverständnis auch die Entwicklung der Individualität.

Das Individuum ist eine späte Entdeckung, so will dieses Schema uns zeigen: Am Anfang, so stellt man namentlich seit Freud es sich vor, steht das «Es» (verwirrenderweise weder der Objektivität noch der Subjektivität zugehörig), das «Ich» hat sich im Verlaufe der Menschheitsgeschichte darüber gesetzt. In Wahrheit ist auf diesem Wege des Denkens die Fortschrittsidee mit unserer Individualität davongelaufen. Immer noch spricht man zwar von Seele und Seelenleben, aber mit der unverkennbaren Tendenz, sie vom verantwortlichen Denken und Leben loszureißen. Man hat sich (für den Menschen) das

Wort «Geist» reserviert mit der Tendenz, das wahre Ich, das verantwortliche Ich, aber auch das ästhetische Ich und allgemein gesagt das ethische Ich (kurz alle Subjektivität) diesem höheren Prinzip zuzuweisen, das in Wahrheit jedoch ein Prinzip der Abstraktion, der Entseelung, der Auflösung des konkreten, des persönlichen Daseins und Dabeiseins ist.

Man hat, um dieses Schlagwort nochmals einzusetzen, aus dem Menschen eine Kopfgeburt gemacht. Man hat die Ethik dem konstruktiven Denken zur Interpretation ausgeliefert, und man hat damit alles entwertet, was dahinter liegt: die ungeteilte Wirklichkeit dessen, was wir Leben, was wir dein und mein Leben nennen. Die große Natur, so wie Goethe sie meint, ist es, die dahinter liegt. Alle Intentionen der vom Abendländer inszenierten Aufklärung gehen dahin, seiner Mitwelt (Umwelt ist ein schwaches Wort) das Geheimnis der Subjektivität zu entziehen. Damit aber bricht der Sinn des Lebens auseinander. Man hat der Ethik den Zustrom aus der offenen Welt genommen, man hat damit die Selbstverständlichkeit des naiven Lebens und Denkens zerstört – die Selbstverständlichkeit eines ethischen Verhältnisses zur Natur. Der Weg linearen Denkens ist logisch und absurd zugleich. Erst hat man die

Natur entseelt, dann hat man mit selbstgefälliger Überheblichkeit den Naturglauben naiver Völker als «Animismus» bezeichnet, was besagen will, daß sie aus purer Unwissenheit die Seele in die Natur hineindeuten, während sie doch im Unterschied zum vermeintlich aufgeklärten Menschen nur die nicht manipulierte, nicht dualisierte Natur mit ihrer Einheit von Subjekt und Objekt im Sinne hatten. Der «primitive» Mensch beseelt nicht die Welt und die Dinge, sondern wir haben mit dem Kunstgriff objektiven Denkens sie entseelt. Der trostlose Waldbrand der Abstraktion (so Kierkegaards Worte) hat die Wurzeln der Individualität zerstört.

17.

Gruppenegoismus ist unehrlicher Egoismus. – Emanzipation und Organisation können den Verlust an naiver Selbstverständlichkeit nicht wettmachen – sie können es nicht, weil auf diesem Wege gerade das nicht gefunden und verstanden wird, was der emanzipierte Mensch als sein Vorrecht gegenüber der Natur für sich in Anspruch nehmen wollte: ein Individuum zu sein – ein Individuum (ein Einzelner) in ethischer Bedeutung zu sein.

Die Organisation schafft künstliche Gruppen anstelle von natürlichen. Beide Arten der Gruppenbildung (die instinktnahe und religiös fundierte Gruppe steht der konstruktiv geschaffenen gegenüber) gehören unabdingbar zu den Voraussetzungen menschlicher Existenz. Was man aber, beeindruckt vom Siegeszug konstruktiver Ideen am allerwenigstens erwartet hat, zeigt sich jetzt immer deutlicher: Der in natürlichen Gruppen lebende Mensch ist sich seiner Identität viel sicherer als der Mensch, der sich im weitgespannten Netz weltlicher (überregionaler) Gruppen einfangen läßt. Es gibt eine naive Identität, die gleichbedeutend ist mit naiver Individualität.

Im Zeichen der Ideenherrschaft (jede Art von Ideen und ideologisch fixierten Meinungen ist gemeint) hingegen wird die Individualität eben an den Wurzeln geschädigt, die sie mit den Selbstverständlichkeiten des naiven Lebens verbinden.

Die Individualität wurde der Idee des Fortschritts ausgeliefert – mit unverkennbaren Gewinnen für ein liberales Menschenverständnis, aber mit zunächst kaum bedachten, im Laufe der Entwicklung aber immer tiefergreifenden Verlusten an Wertgefühlen, die älter sind als das, was die Menschheit im Zeitalter der Aufklärung hinzulernen konnte. Alles, was man (durchaus ehrlich) unter der Entfaltung der Persönlichkeit sich vorgestellt hat und weiterhin sich vorstellen mag, wird auch schon wieder in Frage gestellt: Mit der Persönlichkeit des modernen Menschen ist kein Staat zu machen. Die Ideen von Fortschritt und Wachstum im Sinne einer immer weiter ausholenden Organisation (und Bürokratie) gehen dahin, aus ihm ein durchaus anonymes Wesen zu machen.

Im Kontrast zu den natürlichen Gruppen haben die Gruppen im Dienste der Organisation eine Gruppenethik aus zweiter Hand geschaffen. Diese Gruppenethik, die sich immer tiefer hineingefressen hat in die Mentalität des – so überaus konstruktiven – Abendlandes und der vom Abendland beeinflußten Welt, erweist sich von Jahr zu Jahr deutlicher als die große Lüge unserer Zeit. Wir nenen das Untier mit Namen, indem wir vom Gruppenegoismus sprechen.

Der ordinäre Egoismus, über den zwar auch die Menschen sich zu allen Zeiten (manchmal geschickt, manchmal sogar charmant) hinweggelogen haben, der aber in seinen handfesten Erscheinungen zu den Selbstverständlichkeiten der menschlichen Natur gehört, ist leicht zu fassen. Die Auguren mit ihrem besserwissenden Augenzwinkern haben zu allen Zeiten sich darüber am allerwenigsten etwas vorgemacht. Mit dem Gruppenegoismus aber wird die Ehrlichkeit der Individualität selbst in Frage gestellt. Es werden die Grundlagen der Ethik – daß nämlich jeder für sich selbst zuständig ist – zerstört durch den Mißbrauch des Gedankens der Solidarität. Dies ist umso schlimmer, weil die Solidarität im Bereich des naiven Lebens (man denke an die ethische Bedeutung der Kameradschaft) nicht weniger zuhause ist wie auf der Gegenseite der ordinäre Egoismus des gesunden Menschenverstandes. Er gehört zu den fundamentalen Selbstverständlichkeiten des Zusammenlebens der Menschen.

Vollgültig aber ist diese Selbstverständlichkeit eben nur im Regionalbereich, wo die Menschen sich kennen, ganz unabhängig von ihren Meinungen, und wo sie ganz wörtlich sich gegenseitig die Nächsten sind. Sie wird fragwürdig, wenn die Wortführer (und Meinungsmanipulatoren) von Gruppen welcher Art auch immer mit moralischem Pathos agitieren und Politik und Moral so clever miteinander vertauschen, daß niemand mehr das Spiel, das Spiel nämlich um die nackte Macht, zu durchschauen vermag.

18.

Die Scheingefechte der Lebenslügen. – Mit solchem Falschspiel wird die naive Individualität übertölpelt. Es wird ein Idealbild des Menschseins geschaffen, das die Menschen über die Ethik ihres wahren Selbstseins betrügt. Das naive Verständigtsein über die Grundwerte des Lebens und des Zusammenlebens wird unkenntlich gemacht. Der naiven Individualität wird das gute Gewissen genommen mit Hilfe von Programmen, die sich durch Schlagwörter vereinfachen und propagieren lassen. Unser, der abendländische Sozialismus bringt leider ebenso bendenkenlos die Menschenliebe wie den organisierten Menschheitsbeglückungswahn ins Spiel. Gespenstische Fürsorge für namenlose Nummern, hat Martin Buber dazu gesagt.

Unser Liberalismus ist ein Konglomerat von Freisinn als dem wahren Adelszeichen der Individualität, von instinktlosem Schreibtischhumanismus und von Geschäftstüchtigkeit als dem letzthin gültigen Maßstab von Tüchtigkeit überhaupt. Und unser Nationalbewußtsein verwechselt Bewahrung der Identität, auf die allein es ankommen sollte, mit Politik der Stärke.

Zuletzt wird aus dem Kampf der Parteien nur noch ein Scheingefecht mit Lebenslügen, zuletzt werden alle Beteiligten nur noch getrieben von der heimlichen Furcht, die Wahrheit könnte an den Tag kommen – die Wahrheit nämlich, daß in der Politik nicht die Frage nach dem Sinn, sondern die richtige Technik im Umgang mit der Macht den Ausschlag gibt.

Mit dieser Bemerkung soll politisches Denken nicht als solches degradiert werden. Der Politiker, der sein Handwerk versteht, ist auch in zweifelhaften Fällen immer noch redlicher als der Querulant – und außerdem unentbehrlicher.

19.

Ichstärke macht heimatlos. – Ausgehend von dem Gedanken, daß alle Lebewesen am Geheimnis der Individualität (der Subjektivität) teilhaben, greifen wir zurück auf den Begriff der naiven Individualität. Er soll uns sagen, daß wir die Individualität nicht als ein Privileg ansehen, das dem Menschen erst auf fortgeschrittener Kulturstufe erreichbar und vorbehalten sei. Erst in zweiter Folge ist zu fragen, was die Menschen jeweils unter Individualität sich vorstellen.

Im abendländischen Kulturbereich hat man in Fortführung des Gedankengutes der antiken

Zeit, in Fortführung der dem Abendland gemäßen Traditionen ein Identitätsbewußtsein entwickelt, das in allen Bereichen der Politik, der Kultur, der Kunst seinen Ausdruck gefunden hat: Wenn es irgendetwas durchaus Europaeigenes gibt, dann ist es das Idealbild der souveränen, der unabhängigen Persönlichkeit. Hier wiederum lassen sich zwei Richtungen nachzeichnen, die beide zusammenhängen mit der konstruktiven Tendenz abendländischer Mentalität, mit dem ausgeprägten Bedürfnis, als Einzelner der Welt gegenüberzutreten mit einem konstruktiven Ichbewußtsein: Die eine Richtung kann bezeichnet werden als die abendländische Ichproblematik, die in sich schließt die Problematik des selbstständigen Gewissens. Die andere zielt hin auf ein Über-Ich. An dieser zweiten Stelle hat sich die verhängnisvolle Tendenz entwickelt, das Ich mit der Macht zu identifizieren.

Der Kult der «Ich-Stärke», so wie ihn die abendländische Psychologie praktiziert hat, führt zu tiefgreifenden Mißverständnissen. Der Willensathlet begeht Verrat an der religiösen Basis des Ichbewußtseins – allgemeiner noch: des *sensitiven* Ichbewußtseins.

Mit dem Kult der Ichstärke löst der Mensch sich, um es ganz naiv zu sagen, von dem, was das

Herz zur Bewußtseinsbildung beizutragen hat. Er verwechselt sich mit der Position, die er hat, mit seinem politischen Einfluß und Erfolg etwa oder mit seinem Bankkonto oder wie auch immer: er verwechselt sich mit seiner extravertierten Wirksamkeit. Auf diesem Wege schafft er sich ein Selbstgefühl, das durch seine Durchsetzungskraft (durch Härte und Brutalität, wenn es sein soll) imponiert, das aber auf der Rückseite unaufhaltsam atrophiert.

So zeichnen sich hier, wo es um die abendländische Gesittung geht, Hoffnung und Verzweiflung gleichzeitig ab. Die Entartungsformen des Individualismus erweisen sich am traurigen Ende als ein Zerrbild der ursprünglichen konstruktiven Begabung.

Selbstverwirklichung wird mit Anspruchsdenken verwechselt. Die Selbstverwirklicher vergessen die andere Seite der Wirklichkeit, die viel mit der Sinnlichkeit, nichts aber mit dem Erfolghaben zu tun hat – die entscheidend zu tun hat mit dem Sinn unseres Daseins und Hierseins. Sie verlieren, um dieses Stichwort wieder aufzugreifen, den Zusammenhang mit der Basis der naiven Identität. Sie werden heimatlos.

20.

Weltliches Heil ist Illusion – das Heil ist zeitlos. – Das starke Ich, konstruktionssüchtig, viril, rechthaberisch, ein stolzes Kind abendländischer Mentalität und Aufklärung bringt umsomehr Plage und Unrast in die übrige Welt, je weiter es sich entfernt von der lebendigen Mitte des Menschseins. Die Dynamik des Machens und Planens zielt weit über die Forderungen des Tages hinaus. Sie wird zum Selbstzweck, ausgeweitet zu einer weltumspannenden Idee. Der Abendländer fühlte und fühlt sich berufen, der Welt weltliches (!) Heil zu bringen, aber indem er immer weiterschreitet auf diesem Weg, wird das Ergebnis seiner Anstrengungen ein weltweiter Zusammenbruch der Ethik sein.

Unter so schlimmen Anzeichen hat dies alles aber keineswegs angefangen. Es ist ungerecht, das, was die Abendländer den naiven Völkern gezeigt und gebracht haben, mit dem Schlagwort Ausbeutung zu diffamieren. Es müßte, um dies zurückzuweisen, genügen, auf die unzweideutig humanen Aspekte hinzuweisen, insbesondere auf die Senkung der Säuglingssterblichkeit in den Ländern außerhalb unseres Kulturbereiches. Eben hier aber nimmt das Verhängnis seinen Ausgang. Die einheimischen Kulturen geraten in desperater Weise aus dem Gleichgewicht allein auf Grund des Bevölkerungswachstums, konkreter noch gesagt, das Wachstum der Elendsviertel in den neuen Großstädten.

Die Menschen, zur Massenware degradiert, finden nicht mehr zurück zu dem, was sie einmal gehabt haben, zur relativen Unschuld in der naiven Identität mit sich selbst, und sie finden auch nicht mehr zurück zu der relativen Unschuld des menschengemäßen Egoismus – er wird überholt von den Erscheinungsformen eines entarteten Egoismus, der durch kein konstruktives Denken und Vorsorgen ethisch legitimiert werden kann. Der neue Egoismus ist hintergrundlos geworden unter dem Einfluß von Emanzipationsideen, die von außen kommen statt von innen, und daher weltweit mißverstanden und mißbraucht werden.

Wenn die Grundlagen eines rechtschaffenen Lebens sich auflösen, dann kann keine Aufklärung den Menschen helfen, sich wiederzufinden, dann wird das Wort vom mündigen Menschen zu einer bodenlosen Redensart. Ein ausgereiftes Persönlichkeitsbewußtsein setzt voraus, daß die innere Einheit von naiver und bewußter Individualität nicht zerstört wird.

21.

Drei Wurzeln abendländischer Individualität. – Wir wollen uns nicht von der Idee fangen lassen, das abendländische Erbe zu verleugnen und unserer Welt das schlechte Gewissen zuzuschieben. Es ist an der Zeit, für die Ehrenrettung der abendländischen Gesittung und des abendländischen Menschenbildes (eines inzwischen verzerrten Menschenbildes) sich einzusetzen. Die Ehrenrettung setzt voraus, den abendländischen Individualismus so zu verstehen, wie er, unverfälscht durch Übersteigerung oder Nivellierung, in unserer Kulturgeschichte Ausdruck gefunden hat. Sogleich schließt sich die Frage an, ob nicht erst der (gutgemeinte) Export dieses Individualismus zu sehr tiefgreifenden Mißverständnissen geführt hat.

Vereinfacht ausgedrückt: Er hat sein ehrliches Gesicht verloren, weil niemand es verhindern konnte, daß er überfahren wurde von den beiden Entartungsformen des Egoismus, der Ausbeutermentalität auf der einen, der parasitären Mentalität auf der anderen Seite.

Um das ursprüngliche Gesicht wiederzuerkennen, bedarf es der Rekonstruktion und Rückbesinnung auf die Zusammenhänge von Herkunft, Heimat und Kultur.

Durchweg anerkannt sind zwei Wurzeln des abendländischen Individualismus, das antike und das jüdisch-christliche Weltbild. Mißverständnisse von durchaus nicht harmloser Art aber sind erst virulent geworden bei der Frage nach der dritten Wurzel, die uns auf den europäischen Norden verweist. Weil dieser Hinweis mit Rassefragen verbunden ist, hat man ihn jeder noch so besonnenen Diskussion entzogen. Man muß ein paar Schritte zurücktreten, um aus dem Tabubereich herauszukommen und eine neue Unbefangenheit zu gewinnen gegenüber allen Fragen, die mit dem Biotypus eines Menschen zusammenhängen. Goethe hat in einem Gespräch mit Eckermann mit lebhafter Zustimmung Guizots Bemerkung aufgegriffen, daß die Germanen uns die Idee der persönlichen Freiheit gebracht haben («woraus denn», so fügte er hinzu, «viel Treffliches hervorgeht, aber auch viel Absurdes»).

Was hier mit Freiheit gemeint ist, läßt sich auf einen Brennpunkt reduzieren, auf das Recht, ein Einzelner zu sein – und was aus diesem Recht sich ableitet, ist eine Ichproblematik mit so starken ethischen Akzenten, wie sie nirgends sonst auf der Welt so deutlich wie im nordeuropäischen Bereich gefunden werden. In diesem

Sinne spricht Goethe auch vom «nordischen Aufsichselbstgestelltsein» und in gleichem Sinne Karl Jaspers vom unerschütterlichen Ich im germanischen Norden.

Die Vorsorge, die von Anfang an das nordische Klima erzwingt, weitet sich aus zur Sorge, zur Reflexion des Hamletschen Sichverantwortlichfühlens schlechthin. Das Bewußtsein, ein Einzelner unter Einzelnen zu sein, ist das Leitsymptom. Wir finden es in auffallender Gleichartigkeit bei Kierkegaard, Hamsun, Ibsen, Strindberg, Edvard Munch, Ingmar Bergmann. Der Nordländer ist bis zur äußersten Gespanntheit auf das ethische Ichbewußtsein eingestimmt. Hier ist alles mißverstanden worden, als man in Deutschland vom nordischen Menschen sprach, mißverstanden schon deshalb, weil unter den ideologisch bornierten Politikern der Hitlerzeit kein einziger selbst eine Physiognomie aufwies, die ihn zuständig für ein Urteil über den nordischen Menschen machen konnte. In Wahrheit war ihnen gerade das, was man als nordisch bezeichnen darf, vom Grunde her wesensfremd.

Die nordeuropäischen Länder sind die Länder, in denen die extremen Individualisten und Skeptiker zuhause sind, gekennzeichnet durchaus nicht durch ein brutales, sondern ein allzu sensitives Ichbewußtsein. Der Untergrund, das Urgestein, das hier deutlicher als bei anderen Völkern durchscheint, weist hinter aller Problematik noch immer hin auf eine schlichte Art von Ehrlichkeit. Das Außen-Ich ist mit dem Tiefen-Ich vom tieferen Grunde her verbunden, und dieser Verbindung ist die Zuverlässigkeit zu verdanken, die man der Mentalität des europäischen Nordens zurechnen darf.

Nur der Individualist, solange er dünnhäutig und sensibel ist, kennt jene Ethik des Selbstseins, die sich von der Massensuggestion freihält, indem sie unter noch so wechselnden Umständen der Skepsis die Aufgabe zuweist, die Zugänge zum eigenen Gewissen offen zu halten. Eine so tief wurzelnde Ethik verliert das ihr typische Gepräge, wenn man sie übertragen und auf andere Böden verpflanzen will.

22.

Identität im Sog der Lebenslügen. – Auf dem Wege der Selbstwerdung erstickt das Selbst, wenn es sich abschließt gegen den offenen Hintergrund. Ohne Individualität von der Wurzel her gerät alles, was Menschen denken, sprechen und tun, in den Sog der jeweils zeitgemäßen, modegemäßen Lügen. Alles wird dann lügenhaft, wenn auch zunächst in den weiten Bereichen der Zwecklüge, die unabtrennbar mit der Pragmatik des Alltags und der Politik verbunden ist. Dahinter wächst unbemerkt die Lebenslüge, die immer damit ihren Anfang nimmt, daß die Menschen sich über sich selbst belügen.

Um sich nicht persönlich offenbaren zu müssen, um sich nicht nach allen Seiten hin fortgesetzt rechtfertigen zu müssen, operiert der Mensch auf dem Felde des Allgemeinen. Unaufhörlich sieht er sich gezwungen, sich durch allgemeine Redensarten zu tarnen. Mit jeder Verallgemeinerung wird aber schon eine Unwahrheit in Kauf genommen.

Dieses Abschirmbedürfnis gehört so sehr zur zweiten Natur der Menschen, daß man sich vergreift, wenn man sich berufen glaubt, in humorloser Weise ihnen die Maske vom Gesicht zu reißen. Damit werden dann freilich alle persönlichen Beziehungen verdorben. Wohl aber könnten wir unserem Thema eine andere Überschrift geben: Es geht nicht um die Demaskierung des Einzelnen (der es wahrhaftig schwer genug hat). Unser Thema soll heißen: Demaskierung des Bewußtseins, das sich das progressive nennt – Demaskierung nicht des empfindsam scheuen, sondern des frechen Bewußtseins – Demaskierung des konstruktiv sich gebenden, besser noch des konstruierten Ichbewußtseins, Demaskierung des «starken» Ich.

Statt des redlichen Umganges mit sich selbst haben die Menschen sich gewöhnt an die Sprache der öffentlichen Scheinmoral. Sie wählen sich nicht selbst, sie wählen Meinungen und Programme. Programme sind an Organisation gebunden. Sie sind an die Gruppenmentalität gebunden. Der Mensch identifiziert sich oder distanziert sich im Verhältnis zur Gruppe jeweils so, wie es ihm aus Gründen der Strategie vorteilhaft erscheint. Hier kann er sich zeigen, aber auch sich verbergen, hier findet er den Rückhalt ebenso für seine Aggressionen wie für seine Abwehrbedürfnisse. Was er nicht zeigt, ist sein wahres Gesicht. Er verbirgt es hinter Verschanzungen, er schirmt sich ab gegen alles, was aus dem Offenen kommt. Aus dem offenen Ich wird ein verschlossenes Ich. Die Ethik, die von ihrer Basis her verbunden ist mit dem Sichselberspüren, verliert diesen Hintergrund des Sichspürens, das im Unterschied zum Wissen sich dem konstruktiven Zufassen entzieht und als verdächtig und bedenklich abgewiesen wird. Warmherzigkeit und Feinfühligkeit werden zum

Schweigen verurteilt, wenn das Über-Ich seine starken Worte spricht.

Der Bruch im Ichbewußtsein der Menschen unserer Zeit zeigt sich deutlich an in der Leitidee konstruktiven Denkens, dergemäß das, was zur Basis des Menschseins gehört, das, was «unten» ist, vom Bewußtsein abgesetzt und dadurch erst in suspekte Dunkelheit abgedrängt wird. Wir verdrängen, wir schieben in das «Es» ab, was zutiefst zu uns gehört. Wir haben eine Ausrede erfunden, eine im ethischen Sinne sehr üble Ausrede, indem wir vom Unterbewußtsein sprechen. Das Unterbewußte ist eben das, was die Menschen nicht wissen wollen. Sie stellen sich dumm, sie erfinden ein System des Denkens und Planens, von dem sie bereitwillig sich über sich selbst betrügen lassen. Wir denken rational, wir denken objektiv – damit beteuern wir unsere Unschuld. Wir verachten die Lebensphantasie und die Lebensmärchen und tauschen dafür ein die große Lebenslüge, die nur das Märchen von der Wirklichkeit der Macht und des Machenkönnens kennt. Wir verwechseln die falsche Prinzessin mit dem Königskind.

So versteht niemand mehr die Wahrheit, die darin liegt, daß jede Sinnfindung davon abhängt, ob wir selbst uns öffnen oder schließen.

Nur vom Lichteinfall hängt es ab, ob unser Leben als eine Abfolge von Illusionen oder von Offenbarungen sich darstellt, ob es sich darstellt als ein Leben überreich von immer neuen Gleichnissen des Ewigen.

23.

Verfälschtes Selbstbewußtsein. – Die deutsche Sprache verbindet mit dem Wort Selbstbewußtsein das Wunschbild der Ichstärke. Damit wird die eigentliche, die nie zu Ende kommende Ichproblematik verfehlt. Denn damit laufen wir am entscheidenden Punkt vorbei, an dem alles darauf ankommt, ehrlich mit sich selbst und den anderen umzugehen und dem jeweils eigenen Weg treu zu bleiben, der zur feinfühligen Selbstverwirklichung führt. Es ist bemerkenswert, daß die englische Sprache an eben diesem Punkt auf die umgekehrte Richtung des Sichselbersuchens und Findens hinweist:

Selfconsciousness bedeutet hier soviel wie Befangenheit, wenn man will Schüchternheit. Hier ist nicht von einem aggressiven, sondern vom sensitiven Selbst die Rede. Es sei hinzugefügt, daß es unabhängig von diesen beiden Arten eines progressiv entwickelten Ichbewußtseins (beide haben beigetragen zur Problematik der abendländischen Mentalität) ein naives Selbstbewußtsein gibt, dessen natürlicher Nährboden die Vitalität ist.

24.

Die Lüge als Selbstschutz. – Die Religionen wissen unbedingt mehr vom Menschen als die Ideologien. Alle Menschen sind Lügner, besagt der Psalm 116/11. Die Menschheitsbeglükker wollen den Menschen nicht so sehen, wie er ist. Sie wollen nur das sehen, was sie sich jeweils ausdenken, und wollen die Wahrheit nicht sehen, die darin liegt, daß man aus den Menschen auch bei bestem Willen nicht das machen kann, was man sich zurechtlegt.

Alle Künste, die Menschen zu manipulieren, sind liederliche Künste, beruhend auf infantilen Vorstellungen, wenn man sich selbst aus dem Spiele läßt, wenn man sich an der Wahrheit vorbeimogeln will, daß man immer zuallererst selbst gemeint ist.

Ich denke, also bin ich, heißt der ebenso berühmte wie blutlose Satz, von Descartes so formuliert, den man sehr wohl bezeichnen könnte als eine Deklaration abendländischen Scharfsinnes wie abendländischer Überheblichkeit. Man muß den Satz umkehren, wenn man zum Ernst des Menschseins zurückfinden will. Ich denke, weil ich nicht weiß, wo und wer ich bin, ich denke, weil ich mir etwas vormachen will und muß. Ich denke mir etwas aus, weil ich so schutzlos und abschirmbedürftig auf die Welt gekommen bin. Wir sind, im Unterschied zum Tier, zu weit hinausgetrieben auf das offene Meer des Wirklichen und Möglichen, unsere Instinkte genügen nicht, wir müssen uns anstrengen, mit vielerlei Erfindungen unsere Position zu sichern.

Die Lüge dient dem Selbstschutz des Menschen. Er hat sie nötig – aber die notwendige, die zweckmäßige Defensive schlägt um in eine großangelegte Offensive. Unsere Hexenkünste haben uns dahin gebracht, daß der Mensch als das vom Start her wehrloseste Wesen zum aggressivsten Wesen, daß er als das am meisten auf Weltoffenheit angelegte Wesen zum verschlossensten Wesen geworden ist. Die fundamentale Lüge, daß man den Sinn des Lebens sich ausdenken, den Sinn objektivieren könne, hat die Menschen dahin getrieben, die Welt zu erobern, ohne zu spüren, daß man auf diesem Wege immer weiter davon abgekommen ist, die Welt zu verstehen.

Begonnen hat es mit nüchternen, mit harten Tatsachen. Im Unterschied zu den Tieren verhungern und erfrieren wir, wenn wir nicht konstruktiv denken. Der Verstand, gleichbedeutend mit dieser Fähigkeit, konstruktiv zu denken und zu handeln, gleichbedeutend auch mit dem Organisationstalent im weitesten Sinne, gehört zu den Voraussetzungen unserer Existenz unter dem Zeichen der Vorherrschaft des Gehirns. Aber die Emanzipation, über die Pragmatik hinaus zur expansiven Idee (immer höher und besser) entwickelt, hat hier zu Mißverständnissen geführt. Der selbstherrliche Verstand, dies war die Idee, soll uns auch führen auf dem Wege zur selbstherrlichen Individualität, zu Personalität und zu konstruktiver Ethik.

Diese Idee löst sich auf vor unseren Augen. Die Welt ist immer kälter und anonymer geworden. Für den Einzelnen als Originalausgabe aus Gottes Hand (so sagt es Kierkegaard) ist kein Platz in der Welt des Ausgedachten.

25.

Pragmatik ist notwendige Kurskorrektur, Planungssucht wird zur Lüge. – Der Mensch kann sich viel ausdenken – und er muß unbedingt sich viel ausdenken, um existieren zu können. Was er sich aber nicht ausdenken kann, das ist die Individualität. Die Individualität ist verbunden mit der offenen Wirklichkeit. Das konstruktive Denken aber ist der offenen Wirklichkeit abgetrotzt. Es kehrt der Subjektivität als solcher den Rücken – sowohl der eigenen Subjektivität wie (das ist das ethisch Entscheidende) der der Mitwelt.

Dem konstruktiven Denken verdanken wir die in Wissenschaft und Praxis unbedingt notwendigen Methoden im effektiven Umgang mit der Wirklichkeit. In biologischer Perspektive ist unverkennbar das hochentwickelte Gehirn des Menschen dazu da, ihn selbst und seine Nachkommenschaft über Wasser zu halten. Ein tiefgreifender Irrtum liegt aber vor, wenn wir meinen, unser unvergleichlich raffiniert arbeitendes Gehirn sei uns dazu gegeben, die ungeteilte Wahrheit und Wirklichkeit zu verstehen.

Am ehesten läßt sich das Verhältnis des Menschen zur Wirklichkeit so darstellen, daß er zwischen sich und die Welt ein Modell von Welt und Wirklichkeit schiebt – ein Modell im Dienste der Orientierung, an dem er fortgesetzt arbeitet, ein Modell von außerordentlicher praktischer Bedeutung. Auf dem Umweg über das Modell findet er den Weg von der Vorstellung zur Praxis, er findet ihn am zuverlässigsten im Alltag und im Nahbereich, er findet aber, dieselbe Methodik, die für das Nahe gilt, fortentwickelnd (das Ausgedachte und die Nachprüfung ständig Hand in Hand gehen lassend), in den Bereichen der Wissenschaft und Technik nie vorausgesehene Möglichkeiten des Machenkönnens. Am Ende aber laufen diese Möglichkeiten mit ihm selbst davon. Er wird süchtig, manipuliersüchtig, planungssüchtig. Er wird zum Hochstapler.

Solange die Skepsis dem progressiven Denken auf dem Wege folgt, bleibt das Weltverständnis des Menschen noch korrekturfähig. Noch bleibt die Welt offen nach vielen Seiten hin. Nach einer bestimmten Wegstrecke aber – Positivismus ist das Stichwort, vor dem man warnen muß – laufen Skepsis und konstruktives Denken auseinander. Von da ab bleibt dann nur die Wahl zwischen der Bejahung der Macht und des Machenkönnens als einem puren (sinnlosen) Selbstzweck oder einer so radikal ehrlichen Skepsis, daß sie in den Sog des Nihilismus gerät.

26.

Weltoffenheit ist nicht Weltfremdheit. – Gegen alle möglichen Gefährdungen seiner Sicherheit und Selbstsicherheit kann der Mensch sich abschirmen. Vor dem Einbruch der Verzweiflung, wenn sie von hinten her ihn anfällt, kann er sich durch keine Denkkraft sichern. Er macht sich etwas vor, wenn er meint, Verstand und Praxis könnten ihm zuverlässige Grenzen zwischen wirklich und unwirklich zeigen. Er hält es, dies ist sein Irrtum, für so selbstverständlich, beides zu unterscheiden, daß er nicht darüber nachdenkt, daß er, kurz und einfach, den Erfolg als Gradmesser für den Wirklichkeitssinn annimmt. Er hält sich für weltoffen, während seine Künste in Wahrheit darin bestehen, daß er nach allen Seiten hin sich abschirmt gegen die Frage nach dem Sinn.

Vielleicht macht es ihn nachdenklich, wenn jemand aus seinem Freundeskreis sich das Leben nimmt. Nun könnte er eigentlich sich fragen: Wie konnte dieser Mensch so wirklichkeitsfremd handeln? Aber diese Frage bleibt ihm doch wohl im Halse stecken, weil die Frage nach Sinn oder Unsinn so offenbar auf einer anderen Ebene liegt als die Frage nach erfolgreicher Weltbewältigung durch konstruktives Denken.

Sehr wohl kann man von dieser spezifisch menschlichen Art von Weltbewältigung mit Bewunderung und Bejahung sprechen. Vor dem offenen Hintergrund ethischen Selbstseins aber müßte man sie am ehesten der Kategorie von Spiel und Sport zuordnen. Der Anfang vom Ende der Ethik aber zeichnet sich ab, wenn man sie auf Spielregeln reduziert. Alle Welt ist dann leicht davon zu überzeugen, daß es nur darauf ankommt, die Spielregeln ernst zu nehmen, während alle anderen Qualitäten des Verhaltens nur als Weltfremdheit eingeschätzt werden. Dann vergißt man, daß vom Ursprung her die Weltoffenheit alles andere ist als Weltfremdheit. Sie ist das Lebenselement der Ethik.

27.

Religion ist Zeitlosigkeit, Ideologie ist Zeitgeist. – Dies aber ist die eigentliche und einzige Forderung aller Ethik: auf die offene Welt sich einzulassen. Eindeutig gilt dies für die Ethik der Liebe. In weitester Bedeutung gilt es für das Verhältnis zur Wahrheit. Das altgriechische Wort für Wahrheit (hier knüpft Heideggers Philosophie an) heißt Aletheia. Das Wort enthält eine Negation: Die Wahrheit ist das

Nichtverborgene. Sie liegt in der Mühelosigkeit des ethisch Selbstverständlichen, sobald nur der Vorhang zurückgezogen wird, der Vorhang, der aus menschlichen «Vorstellungen» (aus dem davor Gestellten) gewebt ist. Sie tritt zutage, wenn hinter den Modellen, die der Mensch braucht für sein konstruktives Denken, etwas von der zeit- und raumlosen, weit offenen Welt und Wirklichkeit hindurchscheint. Alles hängt hier ab, so sagten wir, vom Lichteinfall, von den Augenblicken der Hellsichtigkeit. In diesen Augenblicken nur wird der Ernst des Selbstseins gespürt und erkannt. Der Einzelne wird mit seinem Namen gerufen, seine Machenschaften (ohne die er freilich nicht leben kann) werden bedeutungslos. Das objektive Weltbild als solches wird (relativ) bedeutungslos. Warte nicht, bis ein anderer für Dich vortritt, Du selbst bist gemeint. Nur jetzt und hier nämlich ist der Zugang offen zur Wahrheit des Subjektiven als einer ursprünglichen Wahrheit, die da ist vor allen Wahrheiten der objektiven Wirklichkeit. Es geht hier nicht um zwei Wahrheiten, die einander ausschließen. Es geht nicht um einen Vergleich des Wahrheitsgehaltes von subjektiv und objektiv. Im ethischen Sinne wird das Problem auf ganz andere Weise zu einem brennenden Problem: Der Kontrast zur Ethik des Offenseins ist weder die objektive noch die subjektive Wirklichkeit, sondern immer nur die Lügenhaftigkeit.

Die Menschen lügen, weil die objektiven Wahrheiten keinen Ersatz bieten können für die Heimatlosigkeit, die ein subjektives Element ist. Vor den subjektiven Wahrheiten aber ängstigen sich die Menschen: Denn in der Mitte dieser Wahrheiten steht ihnen ganz genau gegenüber der Tod.

Die Angst ist das Grundmotiv für jenes Falschspiel, das mit dem Wort Ideologie am besten bezeichnet werden kann, das aber nur verstanden werden kann, wenn man dieser Definition hinzufügt, daß die Ideologie sich konträr verhält zur Religion. Im Ausbau ihrer Ideologien setzen die Menschen alle Erfindungskraft ein, um sich ein Selbstgefühl (ein Gefühl für die eigene Bedeutung) aus zweiter Hand zu konstruieren, ein Selbstgefühl, das sich identifiziert mit der Macht, die man über andere hat.

Der Tiefsinn des Wortes Aletheia sagt es uns am allerdeutlichsten, worum es geht: Der Mensch lügt, um sich abzuschirmen, die Lüge ist zu seiner zweiten Natur geworden, weil sein Daseinskonzept darauf angelegt ist, sich die primären Fragen nach dem höchst persönlichen Sinn seines eigenen Daseins vom Leibe zu halten. Unermüdlich baut er Bastionen auf, bis niemand mehr sehen kann, wer dahinter steht, bis er sich selbst nicht mehr finden kann. Seine wahre Wichtigkeit als ein Einzelner hat er aus dem Sinn verloren, alles ist darauf angelegt, ihm eine sekundäre Wichtigkeit zu geben.

28.

Öffentlichkeit verfälscht die Sprache. – Die Religionen versuchen es zu sagen: Wie ist es in Wahrheit mit dem Menschen bestellt? Die Ideologen versuchen, eben an dieser Stelle den Horizont zu verstellen, das Blickfeld abzudichten (um den Tod nicht zu sehen). Ihr Augenmerk gilt den psychologischen und soziologischen Zusammenhängen. Mit verräterischer Vorliebe sprechen sie von (psychischen) Mechanismen. Was sie nicht sehen und nicht sehen wollen, sind die Gesichter der Menschen. Sie schirmen sich ab gegen die Individualität. Sie mißbrauchen die Apparatur des konstruktiven Denkens und der konstruktiven Sprache. Sie scheuen, wo immer sie vom Menschen sprechen, das offenbarende, das offenlegende Wort des Religiösen und des Dichters.

Sie verstehen nichts von der Ausdrucksnot der Menschen. Jeder Mensch möchte sich mitteilen, möchte mehr sagen und wahrer sprechen, als er jemals es kann, möchte das Eigentliche fassen und sagen, möchte verstanden werden. In jedem Wort aber steckt auch schon ein Vorurteil, und ehe die Gutgläubigen es bemerken, machen die, die mit der Macht umgehen, die allzu offene Sprache auch schon ihren Absichten dienstbar.

Die Technik des Lügens besteht in der Technik der Sprachregelung. Gruppenbildung und Gruppenlenkung, wo immer beides über die natürlichen Gruppen (Familie, Nachbarschaft) hinauszielt, spielt sich immer in der gleichen Weise ab: Die Menschen werden darauf dressiert, mit Nietzsches Worten «herdenweise in einem für alle verbindlichen Stil zu lügen». Die Sprachregelungen in jeweils verschiedenen geschichtlichen Epochen verführen uns dazu, aus den hinterlassenen Zeugnissen das zu rekonstruieren, was man vermeintlich «damals» gefühlt und gedacht hat – aber die Rekonstrukteure bemerken nicht, wie sehr sie ihrerseits von der Sprache (der wahren sowohl wie der lügenhaften) ihrer Zeit abhängig sind. Fast immer vergessen sie, daß jeweils in den Bereichen des intimen Lebens in vergangenen Zeiten die Sprachlosigkeit so sehr die Regel ist, daß man sehr vorwitzigen Irrtümern unterliegt, wenn man meint, daß das, was nicht zur Sprache kam, auch nicht vorhanden war. Was die Menschen früher empfanden und dachten, und was sie heute empfinden und denken, kann keinem Bericht und keiner Zeitung entnommen werden. Viel weiter führt für unser Bemühen um Menschenverständnis die Frage, welche Art von Menschen (welche jeweils typischen Wortführer) jeweils in den verschiedenen Epochen zu Wort gekommen ist – und – was in Wahrheit allein aktuell ist – welche Art von Menschen heute zu Wort kommt. Wer nicht schreien und lügen kann, kommt in gewissen Zeiten (mal mehr, mal weniger) kaum zu Wort. Wer über den Lautsprecher verfügt, verfügt über die Meinungen der Menschen (nicht jedoch über ihre Eigenschaften).

So sind alle kollektiven Meinungen schon von ihrer Entstehung her von der menschlichen Lügenhaftigkeit angefressen. Man verständigt sich und täuscht sich gegenseitig durch handfeste Lügen, und nur im Glücksfall scheint durch das, was öffentlich bekundet wird, die Ehrlichkeit hindurch. In Wahrheit ehrlich zu sein, heißt als ein Einzelner zu sprechen. Wo offiziell gesprochen wird, bleibt der Einzelne sprachlos.

Der Einzelne (nur der Einzelne), so sagt es Kierkegaard, ist die Wahrheit. Wer aber ist ein Einzelner? Jedermann ist es, und in Frage steht nur, ob er sich dazu bekennen will oder es verleugnen will. Wer gehört zur Masse? Jedermann, sobald und so oft er es für vorteilhaft hält, dazu zu gehören – wobei er freilich in der Regel sich des falschen Spieles, das er spielt (als Agitator) oder das mit ihm gespielt wird (als einem Opfer von Betrug und Ausbeutung) nicht bewußt ist.

Fortgesetzt werden Menschen zu Massenmenschen gemacht und machen sich selbst zu Massenmenschen (es gehört immer beides dazu). Denn es ist ebenso wahr, daß Menschen fortgesetzt in die allerprimitivste Massenmentalität hineingestoßen (entfremdet) werden, wie es wahr ist, daß Menschen fortgesetzt – weil es ihnen Vorteile bringt – ihr Denken und Wollen an andere delegieren, an andere, die ihrerseits durchaus nicht sie selber, die vielmehr nur die jeweiligen Ausrufer sind. Die einen sind die vielen, die nicht zu Wort kommen, die anderen sind die, die statt eigene Worte zu finden, die Sprache des Demagogen übernehmen, dessen Sprachkünste darin bestehen, sich über sich selbst, über die eigene Wichtigkeit etwas vorzumachen.

Indem die Sprache, dieses vermeintliche Sichverständigen, das viel seltener gelingt, als man meint, der Öffentlichkeit ausgeliefert wird, wird die Ehrlichkeit, die darin besteht, als ein Einzelner zu sprechen, von den Wurzeln her untergraben. Nur die Fassade bleibt stehen und täuscht das Idealbild eines Menschen vor, der frei denkt und glaubt und spricht. Aber hinter den Wänden wuchert der Schwamm, wuchert jenes ordinäre Bedürfnis, das sich so gut tarnt, wie kein anderes und zu dem niemand sich bekennen will: das Bedürfnis, nicht schutzlos als ein Einzelner dazustehen.

29.

Ethik bedeutet Durchsichtigkeit. – Die Ethik ist auf Selbstsein gegründet – am deutlichsten im europäischen Bereich, am deutlichsten hier leider auch losgerissen von ihrer Herkunft und übertragbar gemacht auf so vielerlei Wegen, daß man tief graben muß, um ihr ursprüngliches Wesen zu verstehen. Die abendländische Konstruktionssucht (und die zugehörige Organisationssucht) frißt das abendländische Selbstsein auf – die abendländische Mentalität leidet an Selbstvergiftung. Wir versuchen, dieses

Problem an der Wurzel zu fassen: Konstruktives Denken und Ordnen stört das Verhältnis des naiven Offenseins zur Welt. Wird damit auch das Identitätsbewußtsein vom tieferen Grunde her geschädigt? Was sich hier volllzieht, läßt sich am besten bezeichnen, wenn wir von der Ichproblematik des Europäers (zugespitzt im nordeuropäischen Bereich, zugespitzt in der Hamlet-Tragik) sprechen.

Diese Problematik bedeutet selbstverständlich auch Bereicherung und Differenzierung. Wenn es so etwas gibt wie ein Kernsymptom abendländischer Gesittung und Gestaltungskraft, so finden wir es in der Vieldimensionalität des Selbstseins mit dem selbständigen Gewissen als dem Leitgedanken. Eben dieses aber hat man falsch verstanden, verführt von dem Wahnbild des starken Ich. Sehr deutlich verrät der pathetische Geniekult der Jahrhundertwende, daß man die ethischen Wurzeln des Persönlichkeitsbewußtseins – die basale Rechtschaffenheit – aus dem Blickfeld verloren hatte.

In sehr viel weiterem Umfange hat man der Individualität das Grundwasser abgegraben, indem man das sittlich Selbstverständliche unkenntlich gemacht hat durch Heilslehren, die (bei geradezu chaotischer Menschenunkenntnis) von rechts wie von links her – hier im Namen eines falsch verstandenen Individualismus, dort in sozialistischer Gegenposition zum Individualismus – sich um eine konstruktive Moral bemüht haben. Statt nach den Eigenschaften der Menschen fragt man nach ihren Meinungen. Die Konstruktionssucht im ethischen Bereich geht soweit, daß man sich von Ethikkommissionen etwas erwartet, was den Verlust an Zivilcourage verdecken soll.

Konstruktives Denken ist vom ehrlichen Anfang her wertneutral. Eine konstruierte Moral aber birgt Wachstumstendenzen in sich, die bösartig sind. Man glaubte, und man will nicht loslassen von dem Wahn, man müsse eine Weltordnung, eine Weltorganisation schaffen durch weltweiten Einsatz einer solchen Moral. Dieses Geschenk des Abendlandes an die übrige Welt, ein mit missionarischem Eifer aufgedrängtes Geschenk, hat sich als Danaergeschenk erwiesen: Hinter dem Moralismus war die Machtsucht verborgen. Man hat zwei grundsätzlich verschiedene Kategorien des Menschseins, nämlich die Individualisierung und die Verallgemeinerung (ohne die es allerdings nicht einmal im Nahbereich Zivilisation und Ordnung geben kann) in einen Topf geworfen. Der Zwiespalt zerreißt die

Identität. Wenn aber die Identität nicht mehr lebenskräftig ist, ist es auch die Ethik nicht mehr.

30.

Der offene Raum als Lebenselement der Ethik. – Wie immer wir es bewerten (sittlich bewerten), wir wollen festhalten: Das Abendland hat den Menschen zu einem objektiven Weltbild und einem objektiven Weltverständnis verholfen. Wenn wir zunächst nun nicht danach fragen, was daraus geworden ist, sondern wie es entstanden ist, dann finden wir einen festen und verläßlichen Hintergrund: Die Begründer des objektiven Weltverständnisses (das Menschenverständnis ist allerdings bis zum heutigen Tage weit dahinter zurückgeblieben) waren ethisch fundierte Persönlichkeiten. Objektivität bedeutet, dem Chaos eine geordnete Welt zu entreißen, und es bedeutet ethisch noch viel mehr als das, denn vor allem anderen wird gefordert, deutlich und mutig die Bereiche der allgegenwärtigen menschlichen Lügenhaftigkeit zu durchstoßen. Es geht um die Wahrheitssuche – dies war die Ausgangsposition. Dann aber gabelt sich der Weg rationalen Denkens. Angesichts der skeptischen Frage: Was ist Wahrheit, wird der Wille zur Ehrlichkeit entweder überfordert, der alte Adam (der von Grund auf machtsüchtig ist) kommt wieder zum Vorschein, in Gestalt der Ideologien triumphiert die Lügenhaftigkeit wie nie zuvor – oder aber, dies ist die andere fatale Wegrichtung des Wahrheitssuchers: das Prinzip der Objektivität wird durchgehalten, offenbart sich aber früher oder später als ein radikaler, durch nichts mehr zu widerlegender Nihilismus. Es zeigt sich, was man von Anfang an nicht hätte vergessen dürfen: daß nämlich das objektive (von der Subjektivität abgespaltene) Weltverständnis als solches eine von der Logik menschlichen Denkens begründete Erfindung und Sichtweise (die Welt, gesehen auf dem Umweg über die dazwischengeschobenen Modelle) ist, und folglich über eine relative Wahrheit (Wahrheit im Nahbereich und von Fall zu Fall), anders gesagt, über «Annahmen» nie hinauskommen kann.

Was bleibt trotzdem noch übrig vom Wertgehalt, von den ethischen Impulsen objektiven Denkens? Es bleibt übrig die durch nichts einzuschüchternde, das Welt- und Menschenverständnis durchlässig, durchsichtig erhaltende Skepsis. Ist dies eine positive oder eine negative Aussage?

Es ist eine Aussage, die sich freihält nach beiden Seiten hin – aber richtig verstehen wir sie doch wohl nur, wenn wir sie verstehen als eine eindeutige Absage gegenüber der Herrschsucht des Ausgedachten, verbunden mit dem redlichen Entschluß, trotzdem an der Objektivität festzuhalten in Abwehr gegen die Deformierungen unseres Denkens und Wollens in den weiten Grenzbereichen, in denen (der Macht zuliebe) ein unsauberes Spiel getrieben wird zwischen Logik und Lüge. Mag die Skepsis den Menschen auch bedenklich nahe an den Rand des Nihilismus heranführen, so ist sie doch nicht gleichbedeutend mit Nihilismus. Es ist eine Frage der Redlichkeit, so muß wiederholt werden, sich in jedem entscheidenden Augenblick nach allen Seiten hin zu wehren – sich zu wehren gegen den Zweckoptimismus (Nietzsche hat ihn ruchlos genannt), der zweckhaftes Denken mit sinnvollem Weltverständnis verwechselt, aber mit gleicher Souveränität, mit ebenso vielen Fragezeichen dem Pessimismus zu begegnen. Jenseits des naiven Lebens, jenseits verlorener Unschuld erweist sich die Skepsis als ein notwendiges Lebenselixier, wenn wir nicht in den öffentlichen Lügen steckenbleiben wollen. Sie schafft Freiraum und frische Luft.

31.

Das subjektblinde Abendland. – Objektivität und Skepsis gehören zuammen, und dem differenzierten Zusammenspiel beider Tendenzen hat das abendländische Weltverständnis eine Position zu verdanken, die ihm einen Vorsprung gegeben hat, wo immer es auf eine nüchterne und ehrliche progressive Denkweise ankommt. Inzwischen aber sind wir an einen Wendepunkt gekommen. Im Eifer der Aufklärung, die ja auf breiter Basis verstanden werden kann als eine Reinigungsaktion angesichts der Verschmutzung des menschlichen Zusammenlebens durch jahrhundertealte Lebenslügen (diese Lügen immer im Zusammenhang mit Machtfragen), hat man die andere Seite: die Subjektivität nämlich aus dem Welt- und Menschenverständnis systematisch eliminiert, hat sie in die Bereiche der Sprachlosigkeit (man spricht von den Stillen im Lande) verdrängt, wenn nicht, viel schlimmer, mit dem Verdacht belastet, der Urgrund aller Lebenslügen zu sein. Der Abendländer hat sich selbst, und er hat die Völker, die er mit seiner Aufklärung beglückt hat, subjektblind gemacht.

Der Ostasiate hat das Subjektive nie vergessen, in seinem Kulturbereich sind Objektivität und

Subjektivität auf bewundernswerte Weise ineinander integriert – richtiger noch: sie sind nie auseinandergerissen worden in einer so spektakulären Weise wie in unserem Kulturbereich. Bedeutet dies, daß die radikale Objektivität unserer Wissenschaft und Technik wieder rückgängig gemacht werden müßte? Sie kann es nicht, sie darf es auch nicht, wenn nicht mit Auflösung des Fortschritts Chaos und Hunger in einem ungeahnten Maße einbrechen sollen. Aber die Subjektivität muß neu entdeckt werden, wenn wir uns nicht mit Haut und Haar einer Art von abendländischem Liberalismus (einer jakobinischen Pseudoethik) ausliefern wollen, der nur die Ratio kennt, aber keine Gesichter, keine Individualität und keinen freien Willen in religiöser Bedeutung.

Die Ethik findet dann den Lebensstoff nicht mehr, die Basis, die sie braucht. Sie kann auf die Dauer nicht leben ohne die «altmodischen» Vorstellungen, die religiösen an erster Stelle. Sie kann nicht leben, wenn alle jene subjektiven Vorstellungen von der Objektivität totgeschlagen sind, die sich dem altmodischsten aller Begriffe, dem Begriff der Seele nämlich zuordnen. Verglichen mit dem, was die Religionen über die Seele sagen, was auf der Basis asiatischer Mentalität der Orient uns sagen kann, ist alles, was die abendländische Schulweisheit, die längst absurd gewordene abendländische Psychologie uns vom Menschsein sagen kann, von trostloser Belanglosigkeit, wo immer es ernst wird mit der Frage: Wer bin ich selbst und wer bist Du?

Im Bereich der Wissenschaft fing es an mit eben diesem Attentat gegen das, was alle Völker im Zustand vergleichsweiser Naivität mit der Seele meinen und immer gemeint haben: die Wirklichkeit des Subjektiven. Man sprach vermeintlich objektiv (vermeintlich harmlos), in Wahrheit sehr arrogant vom Animismus der Naturvölker (auch dies schon ist eine sehr fragwürdige Wortprägung).

Wir wiederholen: Das primitive Weltverständnis, so wollte man damit sagen, bestehe darin, alles zu beseelen, was immer in der Welt ist. Mit dieser Interpretation hat man, manchmal schon auf geradezu perfide Art, die Welt ihrer Subjektivität beraubt. Aus der Mitwelt hat man eine Umwelt gemacht und muß sich nun, wo dieses Mißverständnis sich fast schon tödlich auf unser Verhältnis zur Natur auswirkt, verzweifelte Mühe geben, die Umwelt ethisch, und das eben heißt als Mitwelt zu verstehen. Die Perversion (eine triviale und triste Art von Perversion überdies) liegt darin, daß man der naiven Mentalität eine Fehldeutung der Wirklichkeit zuschiebt – eine Beseelung der Wirklichkeit, während der Eingriff doch ausgeht vom angeblich aufgeklärten Menschen, der in Wahrheit als ein herzloser und schülerhafter Besserwisser sich darstellt. Man hat ihn methodisch dazu erzogen, alles besser zu wissen und die Welt zu entseelen.

32.

Das Wesen der Subjektivität: Gegenseitiges Sicherkennen. – Man hat den Naturbegriff vergiftet, ehe die Naturzerstörung aktuell wurde. Man hat aus der Natur, so wie Goethe sie noch verstanden hat, eine subjektlose Natur gemacht. Man hat den Menschen selbst dann gedanklich in einen Kosmos hineinprojiziert, der aus nichts anderem besteht als aus Mechanik. Auf die Dimension des Objektiven reduziert, bleibt zuletzt am Menschen selbst nichts übrig von allem, was mit seinem Selbstsein zu tun hat.

Denn auf objektive Weise kann ich von diesem Selbstsein nichts erfahren. Wenn ich trotzdem (weil ich es weiß, bevor ich konstruktiv denke) immer schon verstanden habe, was Selbstsein bedeutet, dann habe ich auch verstanden, daß mein Selbstsein Teilerscheinung jener alles übergreifenden Dimension ist, die wir die subjektive nennen, und daß nur innerhalb dieser (zwangsläufig und immer wissenschaftsfremden) Dimension sich eines im anderen erkennt. Wenn ich die Subjektivität aus der Welt herausnehme, dann erkenne ich, ethisch gesehen, nicht nur mich selbst nicht mehr, sondern überhaupt niemanden mehr.

Nur da, wo Subjektivität ist, ist verantwortliches Selbstsein. Nur das Subjekt kann verstehen, was freier Wille ist, im objektiven Weltbild kommt er nicht vor und kann er von Beginn an nicht vorkommen. Als Subjekt hingegen, dem überall in der Welt die Subjektivität aller Wesen und Dinge begegnet, weiß ich, daß die mystische Wahrheit des Selbstseins in allem darinsteckt, was mir widerfährt, und daß ich im mystischen Sinne alles selbst gewählt habe und wähle, Geburt und Schicksal und Tod. Daß jeder Mensch vielerlei gewollt hat und will, gehört zu den nie beweisbaren Grunderfahrungen der Subjektivität.

Selbst Sigmund Freud hat dieser irrationalen Grunderfahrung gegenüber kapituliert. Indem er vom Todestrieb sprach, ging er einen großen Schritt über die Grenzen hinaus, die er in intellektueller Redlichkeit selbst unaufhörlich zu ziehen und zu zeigen versucht hatte.

33.

In der Wissenschaft kann die Seele nicht vorkommen. – Die Psychologie, die «Lehre von der Seele», ist und bleibt eine merkwürdige, beinahe absurde Wissenschaft. Sie ist gezwungen, in zwei Sprachen zu sprechen, in der objektiven Sprache als der allein exakten, wissenschaftsgemäßen Sprache, und einer total anderen Sprache, die das Seelische meint, wobei sie doch zugleich auch wieder sich abschirmen muß gegen den Sog der Subjektivität, die alles Reden von der Seele in Tiefen hineinzieht, von denen der Experte in Sachen «Seelenwissenschaft» bestenfalls nicht mehr, manchmal weniger versteht als ich und du verstehen, als jedermann versteht, wo immer es ihm in ethischer Bedeutung um dieses Ich und Du geht. Der Experte sieht sich gezwungen, den Dolmetscher zu spielen zwischen den beiden Sprachen. Damit ist er überfordert, jedenfalls verfehlt er damit den Tiefsinn des Menschseins. So etwa spricht er von Emotionen ohne sich einzulassen auf die weitausholenden Zusammenhänge, die uns sagen müssen, daß ohne Bezug zur Religion, zur Poesie, zur Kunst, zur Musik der Sinn dessen, was er Emotionen nennt, überhaupt nicht verstanden werden kann. Er arbeitet mit zweideutigen Begriffen und bleibt, was das Allerschlimmste ist, immer wieder an einem so absurden Begriff wie dem der Psychomechanik hängen.

Damit gelangt man an den Punkt, wo Objektivität und Subjektivität sich gegenseitig totschlagen. Was übrig bleibt, ist ein Exerzierfeld trivialster Schulweisheit. Alles, was dem uralten Begriff der Seele zugehört, wird auf dem Trödelmarkt ausverkauft.

Einen Tiefstand der abendländischen «Seelenkunde» zeigt die Fragebogenforschung an, die sich ihre eigenen sehr billigen Voraussetzungen selbst schafft, indem der Fragende dem Befragten einen albernen Jargon in den Mund legt, dem er nicht ausweichen kann, der ihn so oder so aber in Verlegenheit bringt. Im Grunde ist niemand fähig zu sagen, was er eigentlich sagen möchte, wenn die Handelsvertreter in Sachen Menschenmeinung ihm ihren Katalog vorlegen. Sich auf zeitbedingte Meinungen festzulegen bedeutet, sich selbst anderswo zu finden, als wo man in Wahrheit sein möchte. Wer nur die öffentlichen Meinungen kennt, kennt sich selbst nicht mehr. Der Meinungsforscher als Handlanger der öffentlichen Meinungen trägt, ohne es zu wollen, zur fortschreitenden Entfremdung der befragten Menschen bei.

34.

Nicht die Logik, nur die Analogie ist für die Seele zuständig. – Man muß, je nach dem Zusammenhang, wertfrei sprechen von allem, was die Natur zeigt und lehrt. In ethischer Bedeutung aber davon zu sprechen ist gleichbedeutend mit dem Anspruch auf subjektives Sprechen – und dieser Anspruch ist als solcher so unbegrenzt wie alles, was man jemals mit Sinn und Seele meinen mag.

Hat das Tier eine Seele? Hat der Baum eine Seele? Die Wissenschaft ist von Anfang bis Ende für solche Fragen nicht zuständig. Aber die Ethik ist zuständig. Wo immer von Seele die Rede ist, ist die Rede von einem ethischen Verhältnis. Sobald wir davon ausgehen, auch dem Tier, dem Baum eine Seele zuzuerkennen, begründen wir damit (wie die naiven Völker es ja auch tun) ein ethisches Verhältnis zum Tier, zum Baum.

Eine Verwirrung aller Fäden unseres Denkens hat erst der Einsatz objektiven Denkens an falscher Stelle ins Spiel gebracht. Der falsche Ansatzpunkt ist dieser: Man sagt uns, daß es unzulässig sei, das menschliche Innenleben in andere Wesen und Dinge hineinzulegen. Dies ist eine Forderung, die unabweisbar gültig ist in den Bereichen der Wissenschaft. Aber sie ist unwahr im Verhältnis zu der ganz anderen (der unwissenschaftlichen, der religiösen) Wahrheit der Subjektivität.

Objektivität geht einher mit der Forderung nach Enthaltsamkeit in den Schlußfolgerungen. Wir lesen es aus den Gebärden des Hundes ab, wenn er sich freut. Dies ist eine unmittelbare Wahrheit. Eine wissenschaftliche Wahrheit ist es nicht. Die Wissenschaft fragt nach der Mechanik der Abläufe unter Einsatz alles dessen, was nachprüfbar ist, was Verhaltensforschung und Physiologie jeweils beitragen können. Hier erweist sich die Forderung, nüchtern zu bleiben, als das ethische Moment auch in der Wissenschaft: die Ethik der Zurückhaltung. Diese seine besondere Ethik verletzt der Interpret der Wissenschaft, wenn dumme Wichtigkeit ihn zu Grenzüberschreitungen verleitet. Dann deformiert er die Wahrheit, die ihm von Anfang an sagen müßte, daß auf dem Weg objektiver Fragestellungen nichts über die Subjektivität (weder bejahend noch abwehrend) erfahren und verstanden werden kann. Von Anfang an hätte er sich sagen müssen, daß auch der Begriff des Anthropomorphismus (unsere Neigung, Menschliches in die Natur hineinzulegen) die Grenzen von objektiv und subjektiv an falscher Stelle sucht.

Man geht nämlich an der Wahrheit vorbei, daß es für Mensch und Tier gleicherweise gilt, daß auf objektive Weise die Seele nicht gefunden werden kann, weil wir, indem wir sie zu Objekten machen, sie aus der offenen Welt herausnehmen, in der allein es eine Seele geben kann. Von der Seele des Mitmenschen, das wird vergessen, gilt zunächst einmal dasselbe, was von der Seele des Tieres gilt: Ich «weiß» nicht ob er eine Seele hat, ich weiß nur, was ich durch Analogie (fernab jeder Logik) weiß. Der Vorwurf, unzulässig anthropomorph im Verhältnis zum Tier zu denken, wird überholt von dem prinzipiell gleich berechtigten Vorwurf, egomorph (die Tendenz, meine Regungen bei anderen vorauszusetzen) zu denken nicht nur im Verhältnis zu den anderen Mitgeschöpfen, sondern auch zu den Mitmenschen: Er gilt nur im Bereich der Logik, nicht der Analogik.

Lohnt es sich, die Frage zu wiederholen, ob das Tier, ob der Baum eine Seele hat? So oder so lohnt es jedenfalls sich nicht, entweder pathetisch oder zynisch von der Seele zu sprechen. Der Begriff der subjektiven Wahrheit deckt alles, was man hier sagen und meinen mag. Objektivität heißt, distanziert zu sprechen, nicht von mir und dir zu sprechen. Subjektivität heißt, nur in der ersten und zweiten Person und nie in der dritten Person zu sprechen. Hier geht es immer um das Verhältnis zur Mitwelt in der Abfolge von Sichöffnen und Sichschließen, solange wir leben, in der Abfolge von Sichfinden und Sichtrennen. Subjektivität heißt, an der mystischen Wahrheit von Leben und Tod teilzuhaben.

Subjektive Gewißheit gibt es nur im Zusammenleben. Aus dem Zusammendasein ergibt sich alles das, was «selbstverständlich» (aus sich selbst heraus verständlich) ist, und was nicht verstanden werden kann, wenn es nicht von selbst verstanden wird. In diesem Sinne hat das Tier «selbstverständlich» eine Seele. Nur dann, wenn der (im konstruktiven Sinne notwendige) Expertenverstand sich überschlägt und zur spezifischen Art von Expertendummheit wird, wird das Selbstverständliche nicht mehr verstanden.

Daß es Sünde ist, Tiere zu quälen, sagt uns keine Wissenschaft. Daß es Sünde ist, Menschen zu quälen, sagt uns die Wissenschaft aber gleichfalls nicht. Ich «weiß» nicht, was das Tier fühlt. Ich «weiß» aber auch nicht, was andere Menschen fühlen. Die Subjektivität aber sagt es mir, die allumfassende Subjektivität, aus der gleicherweise alles Selbstsein und alle Anteilnahme hervorgeht.

Indem wir in allen Lebensbereichen und mit allen Methoden es gelernt haben, an der Subjektivität vorbeizureden, sind wir dahin gelangt, immer mehr zu «wissen», aber immer weniger zu verstehen. Wir kommen zurück auf unseren Leitgedanken: Wenn es nicht gelingt, die Subjektivität zurückzuholen, bleiben die Menschen hängen zwischen Nihilismus und sittlicher Verwahrlosung.

35.

Es gibt keinen objektiven Gott – Gott kann immer nur persönlich gemeint sein. – Seit der Mensch die Wirklichkeit geteilt hat zwischen Subjekt und Objekt, zwischen Innen und Außen, sieht er gleichsam alles doppelt. Seitdem hat er die Naivität verloren, seitdem ist ihm die Wirklichkeit zu einem Problem geworden, das ihn zwar, wo es um den Alltag, um die Pragmatik geht, nicht ernstlich belastet. Jenseits der Grenzen pragmatischer Vernunft und Korrekturfähigkeit aber sind die Grundlagen seiner Ethik bedroht.

Das, was er mit Seele meint, entzieht sich ihm, sobald er es ansprechen will – er scheut sich, es anzusprechen, weil er sein Heimweh nicht verraten will, sein Heimweh nach der ungeteilten Welt und dem ungeteilten Selbst.

Er ist auf verräterische Weise (die sinnliche Wirklichkeit verratend) heimatlos geworden im sinnlichen Bereich seines Selbstseins, er ist es auf fundamentale Weise im Bereich des erotischen Lebens. Sexualität, abgespalten vom Hintergrund des Verstehens und Verstandenwerdens, nichts anderes mehr bedeutend als Anspruch auf Lust ohne Gegengabe, zerstört die Einheit des sinnlich-sittlichen In-der-Welt-Seins, zerstört die Werte des intimen Lebens.

Das zutiefst verunsicherte Selbst fragt nach einem Gegenpol. Lange Zeiten hindurch hat man noch einen Gegenpol gefunden – den einzigen selbstverständlichen Gegenpol, selbstverständlich, weil nur aus sich selbst heraus verstehbar, nicht durch konstruktives Denken begründbar: Der Gegenpol ist Gott. Eine verhängnisvolle Wendung aber – immer weiter wegführend vom naiven Weltverständnis – hat die abendländische Philosophie genommen, indem sie, mißtrauisch gegen Seele und Innerlichkeit, den Geist erfunden hat. Der Geist soll die vom tieferen Grunde her bedrohte Ethik retten. Mit diesen Experimenten aber hat der Grundschaden sich nur noch deutlicher abgezeichnet: Der Geist kann mit der Sinnlichkeit nichts anfangen, und noch weniger kann er, was man eigentlich gerade von ihm erwartet hatte, mit der Individualität etwas anfangen.

Man hat – dies ist die Erklärung für beides – den persönlichen Gott aus der Welt verbannt und ihm das Wort entzogen. Das logozentrische Denken hat sich zur Weltherrschaft gerüstet. Anbetenswert allein bleibt der Hegelsche Weltgeist.

Damit aber ist dem Menschen ein im Grunde für ihn lebenswichtiges Bedürfnis augenfällig und gründlich ausgeredet worden: das Bedürfnis zu beten. Zum Wesen Gottes gehört es, daß er dich und mich kennt. Der Weltgeist kennt uns beide nicht.

Wenn aber von Gott nichts zurückbleibt als der Geist, der den Einzelnen nicht kennt, der zugunsten der Konstruktion einer ausgedachten

Welt die Subjektivität (alles das, was man sich nicht ausdenken kann) verneint, dann fühlt sich nicht nur der naive Mensch in Stich gelassen. Der anonym gewordene Geist mißachtet eben nicht nur die naiven Grundlagen sinnlich-lebensvoller Individualität, zerstört nicht nur den Charme natürlicher Individualität. Er hilft dem Menschen auch nicht und begleitet ihn nicht da, wo es um die überaus differenzierte Problematik des Einzelnen geht. Es endet damit, daß niemand mehr eine solche Wesenheit, die sich Weltgeist nennt, ernst nehmen mag – schlimmer aber noch, daß ethische Forderungen, die von innen kommen, ihr Gesicht, ihre Farbe, ihre persönliche Wahrheit und Lebensfrische verlieren.

36.

Das Du ist wirklichkeitsnäher als der Mensch in dritter Person. – Wir haben uns verhoben an einem Rätsel, das auch das Rätsel der Ethik ist: Wie läßt sich die Individualität vereinigen mit dem Gedanken einer allumfassenden Sinnfindung? Daß alles Getrennte sich wiederfindet, wiedererkennt, daß der Einzelne sich richtig versteht und solange recht behält, als er so sich öffnen kann, daß er, obwohl oder gerade weil er ein Einzelner ist, nicht allein bleibt, sondern so erst Gott und das Du findet, darin liegt ja wohl das Wesen des Glaubens überhaupt, das Wesen der Religion im Unterschied zum konstruktiven Denken – das Wesen des Weltverstehens im Unterschied zum Wissen und Erklären.

Hier setzen wir ein, wenn wir sagen sollen, was Subjektivität bedeutet. Sie ist das Geheimnis des Daseins und Dabeiseins. Wir dürfen zurückgreifen auf unsere Aussage, die verstandesmäßig sehr nüchtern erscheinen mag, die aber sehr viel radikaler (tiefer an die Wurzeln greifend) ist als der Begriff anthropomorphen Denkens der Natur gegenüber. Unser Welt- und Menschenverständnis ist, so formulieren wir es besser und radikaler, von Grund auf «egomorph». Diesen Begriff kann man in der Tat ganz und gar zur Deckung bringen mit dem Wesen der Subjektivität.

Alles, was nicht in die Bereiche des objektiven Wissens sich einfügt, kann keiner dem anderen zeigen, wenn der andere es nicht in sich selbst findet. Egomorph ist alles, was ich vom Sinn der Welt und des Selbstseins verstehe oder nicht verstehe. Der Begriff «egomorph» weist uns hin auf den eigentlichen Drehpunkt des Selbstseins. Unter keinen Umständen soll er aber uns dazu verleiten, ihn in Verbindung zu bringen mit anderen, mit Ego zusammengesetzten Begriffen. Er hat nichts zu tun mit dem, was man egoistisch oder egozentrisch nennt. Am Geheimnis der Individualität vorbeigehend, weisen diese Begriffe vielmehr hin auf eine Daseinsschrumpfung. Sie weisen hin auf die Bruchstelle zwischen Ethik und Individualität.

In sehr weiten Grenzen zwar ist das, was wir egoistisch nennen, wertneutral. In diesen Grenzen gehört der naive Egoismus zu den Selbstverständlichkeiten des Menschseins. Jenseits der Naivität greift er über auf die Vorstellungen vom «starken» Ich, von denen bereits die Rede war. Hier aber beginnt dann der Selbstbetrug, die falsche Interpretation der Individualität: Vermeintlicher Machtgewinn zugunsten des Ich wird mit Daseinsschrumpfung erkauft.

Auf diese Daseinsschrumpfung (in der Verschlossenheit sich äußernd) weist noch deutlicher der Begriff «egozentrisch» hin. Weitab von jedem Egoismus, der in gesunden Instinkten seinen Lebensgrund hat, bewegt sich hier das Denken in Richtung auf die Vorstellung: Ich allein bin wirklich. Hier geht es dann um eine Vorstellung, die man sich nur ausdenken kann, die nichts zu tun hat mit dem Ernst von Leben und Tod. Hier, im Solipsismus, kollabiert das Selbstsein, hier wird die Subjektivität wesenlos.

Von hier führt der Weg weg von der sinnlich-sittlichen Wirklichkeit hin zu einem robotomorphen Menschenverständnis. Das Selbstsein wird total mißverstanden, weil nicht verstanden wird, daß es kein Selbstsein gibt außer einem solchen, das im anderen ebenso ein Selbstsein erkennt, daß es keine Individualität gibt als eine solche, die in jedem anderen die Individualität erkennt. Wer vom anderen nichts versteht, versteht von sich selber nichts. Man kann es auch so formulieren: Das Ich wird ein umso deutlicheres und lebensvolleres Ich, je deutlicher das zugehörige Du erfahren wird.

Der Zustrom kommt aus dem sinnlichen Bereich. Nur wer selbst ein Gesicht hat, kann die Gesichter der anderen sehen, kann vom Gesicht des anderen gefesselt werden. Ein Gesicht zu haben, bedeutet unmittelbar dasselbe wie ein Einzelner zu sein.

Man muß nicht Christ sein, um einzusehen, daß die christliche Ethik, wo sie sich ihrer selbst gewiß ist, die Wahrheit der Subjektivität am deutlichsten bezeichnet: Es geht hier um die dreifache Wahrheit des Subjektiven: die Wahrheit des Ich (des persönlichen Ich), die Wahrheit des Du (des persönlichen Du) und die Wahrheit Gottes (des persönlichen Gottes). Ohne diese dreifache Subjektivität kollabiert das Selbstsein. Zugleich aber ist soviel offener Raum darin, daß wir uns nicht dagegen verschließen sollten, auch die mitlebende Natur, die Tiere, die Bäume dazu zu nehmen. Auch sie haben ein Du, auch sie sind gemeint, unabhängig von allem, was sie objektiv sind, wenn wir vom allumfassenden Wesen der Subjektivität sprechen.

37.

Raum und Zeit sind Annahmen – aber Voraussetzung konstruktiven Denkens. – Ein objektives Welt- und Menschenverständnis geschaffen zu haben, war eine große Tat, die der Abendländer sich zurechnen darf. Sein konstruktives Denken hat Welt und Menschen gleichsam neu geschaffen. Aber, so zeigt es sich heute, er muß teuer dafür bezahlen. Er hat sich festgelegt auf die Dimensionen von Zeit und Raum und muß damit immer mehr und mehr Verluste buchen, wo es um den Bezug zum Unendlichen geht. Er hat sich den Zugang zur anderen Seite der Wirklichkeit, zur Subjektivität verbaut. Er kann aus Zeit und Raum nicht mehr aussteigen. Dies war der Anfang: Der Mensch hat Zeit und Raum mißbraucht, um messen zu können und machen zu können.

Nun hat er sich krankgedacht, und das Leitsymptom seiner Mängel und Leiden ist sein gestörtes Verhältnis zum Zeitlosen.

Wer immer Einblick in die ursprüngliche Mentalität anderer Völker und Rassen gewonnen hat, kann mit Sicherheit jedenfalls so viel sagen, daß ihnen die Zeit als die Peitsche hinter allem Planen und Tun nicht bekannt ist. Das problematische Verhältnis des Abendländers zur Zeit hat viele Aspekte, Aspekte tiefsinniger Art (wir wiederholen den Hinweis auf die Fausttragödie als die Tragödie abendländischer Ungeduld), aber, bei fortschreitender Nivellierung, eine allen Tiefsinn überwuchernde Ungeduld und Ablenkungssucht. Wie kann ich aus der Zeit ausbrechen ist die Frage, die dahinter steht: wie kann ich die Zeit «vertreiben», eine Frage, die sich in pure Ironie auflöst, da offenbar doch solches Zeitvertreiben gleichbedeutend wird mit einem Das-Leben-Vertreiben.

Zeit und Raum sind die Koordinaten konstruktiven Denkens. Sobald man denkt, denkt man Zeit und Raum auch schon immer mit – läßt man Zeit und Raum fahren, kann man nicht denken, sondern nur träumen. Ohne Denken kann man aber auch nichts machen. Ohne Denken und Machen kann der Mensch im Unterschied zum Tier nicht existieren – dieser Zwang, unter dem er lebt, bringt unaufhörliche Unruhe in sein Leben und er findet immer weniger zur Ruhe zurück, je mehr er die andere Seite der Wirklichkeit aus dem Sinn verliert. Der Mensch lebt in voller Wahrheit immer nur in der Mitte seiner Welt, einer Welt, die das Geheimnis in sich trägt, daß sie subjektiv und objektiv zugleich ist, und das dazugehörige Geheimnis, daß der Mensch in ewigem Wechsel sowohl unvorstellbar klein (im Verhältnis zum Makrokosmos) wie unvorstellbar groß (im Verhältnis zum Mikrokosmos), unwichtig und wichtig, vergänglich und unvergänglich, allgemein und individuell ist. Wie wiederholen, weil wir es von dieser Perspektive her besser als zuvor verstehen, daß Zeit und Raum nur Annahmen sind, notwendige Annahmen – er kann sich anders nicht über Wasser halten –, daß er es in Wahrheit aber nicht nötig hat, sich dadurch den Hintergrund seines Daseins, einschließlich seines Humors und seiner guten Laune, so fügen wir ein, verbauen zu lassen.

Man kommt dem Rätsel nicht näher, wenn man der meßbaren Zeit und dem meßbaren Raum so etwas wie «Nicht-Zeit» und «Nicht-Raum» entgegenstellen will. Besser ist es, das Geheimnis ein für allemal zu akzeptieren, das darin liegt, daß das Ewige nicht Fortdauer, sondern Aufhebung der Zeit ist. Im Ewigen haben Zeit und Raum keine Geltung, sie gelten nur im menschengemäßen Nahbereich. Den meßbaren Dimensionen von Zeit und Raum steht nicht ein Nichts gegenüber, sondern eigentlich nur so etwas wie eine mystische Zeit und ein mystischer Raum. Bei Rilke finden wir das Wort vom «Weltinnenraum». Hinter dem Rücken des konstruktiven (teilenden und zusammenfügenden) Denkens öffnen sich Zeit und Raum, und da, wo dieser Hintergrund sich auftut, ist die Subjektivität zuhause. Über die objektive Zeit und den objektiven Raum können wir uns einigen, sie gehören in den Bereich des Allgemeinen. Im mystischen Sinne aber sind wir selbst das, was wir mit Zeit und Raum meinen. Im mystischen Sinne sind wir immer selbst dabei, im mystischen Sinne wählen wir selbst unsere Zeit und unseren Raum, unsere Geburt und unseren Tod. Wir wählen sowohl die Exkorporation wie die Inkorporation. Die Seele wählt sich ihren eigenen

Dämon und ihr eigenes Leben, heißt es in den mystischen Schriften Plotins.

Von allen pragmatischen Wahrheiten ist die Zeit die unerbittlichste Wahrheit. Und doch sagt uns jeder Augenblick der Hellsichtigkeit, jeder offene Augenblick, daß selbst diese Wahrheit sich als Wahn erweist, wenn wir sie fassen und festschreiben wollen.

38.

Die Frage nach der Unsterblichkeit. – Trotz ihres im Denkbereich gegensätzlichen Verhältnisses zueinander können Logik, Skepsis und Mystik uns dasselbe sagen, wenn wir nach dem Verhältnis des Menschen zur Zeit fragen. Kant belehrt uns dahin, daß Zeit und Raum einer Brille gleichen, mit der wir die Dinge sehen. Solange wir Menschen sind, können wir uns dieser Brille nicht entledigen. Meister Eckehart sagt, indem er von der Zeit spricht: «Kein Zweifel, Zeit hat im Wesen weder mit Gott noch mit der Seele etwas zu schaffen.»

Die Subjektivität, ohne die weder von Gott noch von der Seele die Rede sein kann, läßt sich auf keine Weise in den konstruktiven Bemühungen unterbringen, Anfang und Ende zu finden.

Wo war das Subjekt vor der Geburt, wo wird es sein nach dem Tode? Was war vor der Welt da und was wird nach dem Weltende da sein? Würden wir uns besser, als wir es gewohnt sind, um trennscharfes Denken bemühen, würden wir Fragen solcher Art nicht zulassen. Denn das Unendliche wie das Endliche, das Alles wie das Nichts sind der Ratio gleich fremd. Es sind ihrem Wesen nach wissenschaftsfremde Begriffe, Begriffe aus der Welt der Mystik, die uns sagt, daß der Mittelpunkt der Welt überall ist, und daß das subjektive Sich-in-der-Zeit-Vorfinden mit der objektiven Zeit nichts zu tun hat. Niemand hat es so präzis formuliert wie Kierkegaard: «Nach der Unsterblichkeit kann man nicht objektiv fragen. Sie ist vielmehr die Potenzierung der Subjektivität.»

Sobald wir nicht aufpassen, spielt das objektive Denken uns den Streich, das Ich verschwinden zu lassen.

Für die Objektivität gilt recht besehen dasselbe, was man von der Religion gesagt hat: Sie kann als Opium des Volkes mißbraucht werden. Sie ist Opium für die Menschen, die sich selbst nicht finden können und auch nicht finden wollen. Umso findiger sind sie darin, sich ein Pseudo-Ich zu erdenken – ein extravertiertes

Ich. Der sehr einfache Kunstgriff besteht darin, das, was man Innenleben nennt, das, was sich in objektive Zusammenhänge nicht einfügen läßt, als Produkt des Außenlebens zu deklarieren.

Psychologen unserer Zeit haben sich die Hexerei ausgedacht, das Subjekt loszuwerden, indem sie von «Internalisierung» sprechen, womit sie sagen wollen, daß die Menschen alle Forderungen an ihr Selbstsein und damit alle ethischen Forderungen von außen her (von sozialer Lage und Zeitgeist) übernehmen und damit das aufbauen, was wir Gewissen nennen. Gerne und sehr verräterisch wird hier dann pseudopsychologisch gesprochen von «Mechanismen», die von außen nach innen wirken. Damit wird dann die Verantwortung abgeschafft oder denen zugewiesen, die für andere denken sollen.

Es wird vorbeigeredet an den beiden fundamentalen Wahrheiten der Subjektivität, an der Zeitlosigkeit und an der Kategorie des Einzelnen. Möglichst alles wird ausradiert, was die alten Völker von der Seele zu wissen glaubten, daß sie nämlich jenseits von Zeitablauf und Alter als Symbol der Individualität zu respektieren sei. «Denn im Tode fragt man nicht, wie lange einer gelebt hat» heißt es im Buch Jesus Sirach. Gott kennt mich schon vom Mutterleib her, heißt es bei Paulus. Die Frage nach der «unsterblichen Seele» ist als solche ein Mißverständnis. Mit Seele kann immer nur das gemeint sein, was zeit- und raumlos (wissenschaftsfremd und trotzdem wahr) ist.

39.

Die Seele – das hintergründige Ich. – Die Seele als das hintersinnige Ich, als der Dämon im Sinne von Sokrates und Plotin, als der zeitlose, alterslose Genius, als der Folgegeist (in der germanischen Gedankenwelt) ist objektiv gesehen die extreme Unwirklichkeit. Wo immer wir anfangen zu denken, verschwindet sie hinter den begrenzenden Mauern des Denkens. Als extreme Wirklichkeit aber zeigt sie sich dem «freien Hindurchschauen».

Eckehart bezeichnet mit diesem Wort das Offensein zur subjektiven Wirklichkeit hin. Was sich dem freien Durchblick zeigt, ist das Gesicht der Individualität.

Wo kommt diese Wirklichkeit her, und was hat sie mit Leben und Sterben zu tun? Die Frage, was nach dem Tode kommt, geht an der Individualität auch schon vorbei.

Die Frage muß anders gefaßt werden, sie muß weit ausholen. Es gibt hier kein Vorher und kein Nachher. Aber es gibt etwas, was hinter dem Leben und dem Tod ist, ein Mysterium, an dem Lebende und Tote gleichermaßen Anteil haben. Der Tod als objektives Ereignis ist, wenn man die Objektivierung bis zur letzten fatalen Konsequenz vortreibt, der Tod einer Apparatur. Der Radioapparat ist kaputt. Mit dem, was der Sender ausstrahlt, hat dies aber nichts zu tun. Dies ist zwar ein Vergleich, der nicht richtig auf zwei Beinen steht. Auch der Sender gehört der Welt der Mechanik an. Aber hinter dem Sender im objektiven Sinne stehen wieder andere Sender, so etwa, wenn wir große Musik hören, der Genius dessen, der diese Musik geschaffen hat.

So gesehen ist alles, was wir fassen können, immer nur ein System von Antennen. Was meinem Leben und deinem Leben aber Bedeutung gibt, ist nicht zu fassen. Es hat im Verhältnis zur objektiven Welt «nur» symbolische Bedeutung (so sagt es Goethe) – aber mit diesem «nur» verstricken wir uns auch schon wieder in Fehlauslegungen. Es gibt kaum ein Wort, das in Wahrheit so vielsagend ist wie das Wort Symbol, da es hinweist auf die Dimension der Zeitlosigkeit. Es ist, wiederum mit Goethes Worten, «die Sache, ohne die Sache zu sein».

Unsere Sprache hat außer dem Wort Gedächtnis ein Wort von durchaus archaischer Art zur Verfügung, indem sie von Erinnerung spricht. Das Gedächtnis ist eine Voraussetzung konstruktiven Denkens, und was es in diesem Sinne leistet, kann von der objektiven Grundlage her durchaus mit der Funktion des Computers verglichen werden. Die Erinnerung aber gehört in den Bereich der Subjektivität und ist nicht konstruktiv verwertbar und verfügbar.

Sie kommt und geht, wie sie will, und trotzdem gehört sie mir – mir allein, und dies auf unbegreifliche Weise: Denn ihr Kommen und Gehen ist gleichbedeutend mit meinem eigenen Michöffnen und Michschließen.

40.

Moral des Terrors oder neue Offenheit? – Der Ring des subjektiven Weltverstehens schließt sich: Meine Individualität kann mir kein anderer verderben – nur ich selbst. Sie trägt beide Prinzipien in sich (dies ist ihr ewiges Geheimnis), die Sonderung sowohl wie das Dabeisein (Darinsein), ist aber nach beiden Richtungen hin nicht gebunden an die Dimensionen der objektiven Wirklichkeit. Was wichtig und was nicht wichtig ist, bestimme ich selbst.

Aber nicht die Objektivität als solche zerstört die Subjektivität. Der lügenhafte Umgang mit der Objektivität, der das Kriterium aller Ideologien ist, verfälscht das Selbstsein. Die Verweltlichung, die gleichbedeutend ist mit der Verzeitlichung (der Säkularisierung), nimmt dem Selbstsein den offenen Horizont, ohne den es nicht leben kann. Ein Selbst zu sein in einer offenen Welt – dies und nichts anderes ist das Wesen der Ethik. Sie kann gestützt und geschützt werden durch Konstruktionen, aber sie kann durch Konstruktionen nicht geschaffen werden. Daß sie mit der Verzeitlichung primär nichts zu tun hat, sagen die Worte von Andreas Gryphius:

«Mein sind die Jahre nicht, die mir die Zeit genommen;
mein sind die Jahre nicht, die da möchten kommen –
der Augenblick ist mein, und nehm ich den in acht,
so ist der mein, der Zeit und Ewigkeit gemacht.»

Das verweltlichte Selbst ist ein verarmtes, domestiziertes, urbanisiertes, der Organisation ausgeliefertes Selbst. Moral wird zum Lernprozeß erniedrigt. Indem man nach dem Wozu der Moral (etwa, ob sie für das Überleben der Menschheit notwendig ist) fragt, bricht man der Individualität auch schon das Rückgrat. Man liefert die Ethik der Zwecksetzung aus. Man vergißt ihre Herkunft aus der zeitlosen Subjektivität, was weitgehend dasselbe bedeutet wie aus dem religiösen Bereich. Aus Moral wird Moralismus. Nietzsche hat es genau bezeichnet: «Je mehr sie sich von der Theologie emanzipiert, desto imperialistischer wird die Moral.» «Objektive Moral» wird zur Moral des Terrors. Was zurückbleibt, ist ein lügenhaftes «Wir» – lügenhaft, weil hier zusammen mit Gott das Ich und das Du (beide immer in der Einzahl!) verleugnet werden.

41.

Skepsis und Sehnsucht. – Die Moral soll es sein, die die bessere Zukunft bringt – eine ausgedachte, als machbar gedachte Zukunft –, keine in Wahrheit offene Zukunft. Eine absurde Art von verzeitlichter Moral, so wie sie etwa in China von Mao proklamiert wurde, geht zwar so großzügig mit der Zeit um, daß, wie es wörtlich im Parteiprogramm hieß, es nicht darauf ankomme, ob die moralischen Zielsetzungen in hundert, in tausend oder in zehntausend Jahren erreicht werden. In Wahrheit kann man nicht schlimmer mit den Menschen umspringen, als daß man sie ohne Rücksicht auf ihr persönliches Leben Planungen und Programmen unterwirft, damit in zehntausend Jahren ein Zustand von Glück erreicht wird, der nichts als Hirngespinst ist.

Dies ist das böseste ethische Mißverständnis, sich eine aus der Subjektivität herausgerissene Ethik auszudenken. Mit Planungen schafft man keine Moral, mit Worten schafft man keine Moral. «Es kann keine Sätze der Ethik geben», sagt der Sprachphilosoph Wittgenstein.

Idealismus und Rationalismus haben weltweit ein Bündnis miteinander geschlossen auf Kosten der lebendigen Mitte des Ichseins. Verschieden ist der Anteil der Ratio an diesem Bündnis. Stark akzentuiert ist das intellektuelle Moment von Beginn an in der romanischen und (wieder anders akzentuiert) in der jüdischen Mentalität. Dieses sehr progressive Moment ist als solches ohne Frage humaner als ein missionarischer Idealismus. Für den osteuropäischen und den nordeuropäischen Bereich (zwei unter sich wieder in Bezug auf das Ichbewußtsein durchaus verschiedene Welten) darf man hingegen mit einiger Bestimmtheit sagen, daß man hier die Menschen mit einem rationalen Weltverständnis schlechterdings nicht satt machen kann. Aber auch mit einem pathetischen Idealismus kann man hier die Menschen nicht über den Mangel an Substanz hinter den großen Worten hinwegtäuschen. Nur die Mystik, zu der ja auch der alte Goethe sich bekannt hat, gibt der Ethik einen Hintergrund, der über die intellektuelle Art von Individualität hinausweist, ohne daß es auf Kosten von Feingefühl und Besonnenheit geht.

Ein tiefsinniges Wort von Nietzsche hilft uns hier weiter bei unseren Überlegungen: «Wo Skepsis und Sehnsucht sich begegnen, entsteht die Mystik.» Die Atmosphäre der Einsamkeit des Einzelnen (die kosmische Einsamkeit) wird in einer Welt von Betriebsamkeit, Planungssucht und niveauloser Interaktion zerstört, so daß das Hinterland der Ethik nicht mehr lebensfähig bleibt: das Hinterland der großen Stille und des großen Schweigens.

Wiederum kommen wir hier auf den Gedanken zurück: Die Ethik wird unwahr, wenn sie sich nicht auf den Einzelnen bezieht. Sie wird unwahr, wenn die Gruppe sie sich zu eigen macht. Die Gruppe verdirbt die Subjektivität. Aus der offenen Zukunft wird eine Zukunft, die die Menschen demoralisiert, indem sie ihnen die allereigenste Zukunft (das Zusichselberkommen) nimmt.

42.

Das Wesen der Perversität ist in allen Variationen dasselbe: Partnerschaftsunfähigkeit. – Der objektiven Welt fehlt leider, aber zwangsläufig die Bildhaftigkeit. Ihr gegenüber gibt es nur die eine sehr nüchterne, sehr unscheinbare, aber sorgsam zu hütende ethische Forderung: die intellektuelle Redlichkeit. Inmitten des bodenlosen Daseins eine lügenfreie Zone zu schaffen und zu hüten, ist ein Meisterwerk konstruktiven Denkens. Mit diesem Satz ist wohl alles gesagt, was über das Verhältnis der Wissenschaft zur Ethik zu sagen ist.

Keine unmittelbare Beziehung zur Ethik gibt es hingegen auf der breiten Front objektiven Denkens, wo es um das geht, was jeder sich aneignen kann, um das Erlernbare, das Knowhow. Insoweit wissenschaftlich-technisches Denken und Wissen mit dem Machbaren zu tun hat, hat es mit Ethik nichts zu tun. Hier geht es ausschließlich um Zwecke und Mittel, nicht um den Sinn und Eigensinn.

Zwar trifft es zu, daß ohne Ethik die Menschheit nicht überleben kann. Aber eine Ethik zum Zwecke des Überlebens, so sagten wir bereits, ist ein ethisches Mißverständnis. Mit einer ausgedachten Ethik kann man keinen Sinn in das jeweils eigene Leben bringen, ohne sich selbst zu täuschen. Die Ethik kennt nicht die Menschheit, sie kennt immer nur den Einzelnen (jeden Einzelnen). Es gibt keine andere Ethik als die der Selbstverwirklichung.

Dieses Wort freilich wagt man kaum noch auszusprechen. Es hat richtig verstanden überhaupt nichts zu tun mit objektiven Bedingungen, erst recht nicht mit Ideen, und vollends unverstanden bleibt es von der Perspektive des Egoismus aus, die über die dürftige Weisheit nicht hinauskommt, daß je nach dem Zeitgeist immer das als begehrenswert und wichtig angesehen wird, was die anderen für begehrenswert und wichtig halten. Unpersönliche Selbstverwirklichung ist ein Widerspruch in sich selbst.

Persönliche Selbstverwirklichung (womit eigentlich mit zwei Worten dasselbe gesagt wird) ist Selbstverwirklichung im interpersonalen Bereich und ist mithin nur zu haben als eine Selbstverwirklichung auf Gegenseitigkeit. Dies ist in diesem Zusammenhang ein wichtiger Gedanke: Man kann die Ethik als Intersubjektivität, wenn man will als Interindividualität definieren, indem man damit sagen will, daß es eigentlich erst die Partnerschaft ist, die der Mitwelt und den Menschen das geben kann, was wir unter Identität und Individualität verstehen: Eines erkennt sich im anderen.

Alle Spielarten unsittlichen Verhaltens können definiert werden als Perversionen im Bereich der Intersubjektivität. Es gibt eine primitive Grundform der Amoralität (anders gesagt der perversen Intersubjektivität), die als primitive Mangelerscheinung da auftritt, wo wir von besonderen Formen der Psychopathie sprechen. Die klassische Psychiatrie spricht von dem Typ des gemütlosen Psychopathen (im Unterschied zu anderen Psychopathentypen, den Haltlosen etwa oder den Geltungssüchtigen) – identisch ungefähr mit dem noch älteren Begriff der moral insanity. Um abzugrenzen, was hier gemeint ist, muß vorweg bemerkt werden: Das Isoliertsein im Kontrast zum Kontaktbedürfnis ist hier nicht gemeint, es gehört zu den schmerzlichen Wahrheiten der menschlichen Existenz. Dies in pathologisch gesteigerter Weise zu empfinden, ist das Leiden des Gemütskranken, von dem Eugen Roth sagt, daß gemütskrank nur werden könne, wer Gemüt habe. In stärkstem Kontrast dazu darf der Gemütsmangel, die Unfähigkeit, das (allgemeinmenschliche) Isoliertsein zu spüren, stumpf zu bleiben im Bereich der Intersubjektivität, als eine basale Perversität bezeichnet werden. Sie ist oft verbunden mit intellektueller Primitivität, kann aber auch einhergehen mit einem gut funktionierenden Verstand – einem herzlosen Verstand in diesem Falle.

Der sehr viel weitere Bereich gestörter Intersubjektivität kann umschrieben werden als Perversion des erotischen Verhältnisses zur Wirklichkeit. Wir können, noch weiter ausholend, von einem gestörten sinnlichen Verhältnis zur Mitwelt sprechen.

Hier wiederum entwickeln wir unser Thema (das Thema der gestörten Intersubjektivität), indem wir unsere Aufmerksamkeit richten auf die Perversionen in den Bereichen der intimsten Partnerschaft, auf die sexuellen Perversionen. Hier geht es um Perversionen der leibnächsten Intersubjektivität.

In der Strafjustiz wird von Triebtätern gesprochen. Damit aber wird vom Ansatz her unser Thema verfehlt. Man hat, ethisch gesehen, das Wesen der Sexualität noch nie so mißverstanden wie in unseren aufgeklärten Zeiten, hat es noch nie so verflacht, indem man es objektiv (psychomechanisch) zu verstehen versucht, als ob hier ein Triebwerk abläuft, das in seinen Details zu erklären Aufgabe der Sexualforschung wäre. Damit aber hat man die Sinndeutung aus dem Blickfeld verloren, die nicht hängenbleibt in Teilerscheinungen der Sexualität. Der Sinn ist immer und überall die Partnerschaft, anders gesagt die geglückte oder mißglückte Intersubjektivität. Die Perversität des Triebtäters zurückzuführen auf Einzeltriebe, die man namhaft macht und deren Intensität im Verhältnis zum sittlichen Überbau man abzuwägen versucht, heißt, dem Unterbau den sittlichen Eigenwert (die unabtrennbare Zugehörigkeit zur sittlichen Persönlichkeit) abzusprechen. Hier irrt die abendländische Psychologie und verführt uns zu Vorstellungen über den Aufbau der Persönlichkeit, die unsere moralischen Begriffe verwirren. Es ist dringend notwendig, die verpfuschten Wertvorstellungen zu korrigieren, indem wir eindeutig festhalten: Das Wesen aller Arten von Perversität ist nicht von den Teilerscheinungen (schon gar nicht von der vermeintlichen Primitivität vermeintlicher Triebe) her zu erklären und zu verstehen. Was dahinter steht, ist ein perverses Verhältnis zu den Mitmenschen. Perversität bedeutet, partnerschaftsunfähig zu sein.

43.

Das Wesen der Erotik ist die Intersubjektivität. – Die Intersubjektivität hat ihre eigene Wirklichkeit, ihre eigene (wissenschaftsfremde) Bedeutsamkeit, und hier, nicht in der Wissenschaft, ist der Zugang offen zum Wesen der Sinnlichkeit.

Es ist ein folgenschweres Mißverständnis konstruktiver Philosophie, das sinnliche Leben der materiellen Wirklichkeit zuzuordnen. Die Materie ist – wie man überhaupt nicht verstanden hat – gerade das, was uns, im Gegensatz zur Sinnlichkeit, nicht aus erster Hand gegeben ist. Wir haben sie durch Einsatz objektivierenden Denkens aus der offenen Welt herausgearbeitet: Sie ist nicht unmittelbar da, sie ist ein Präparat, ein Denkmodell. Konträr dazu ist das sinnliche Leben ein freies Aus- und Eingehen in der offenen, sinnhaltigen Welt. Sie hat ihren unbeirrbaren Sinn in sich selbst und gehört ganz und gar zu den subjektiven Wahrheiten des persönlichen Lebens.

Im sexuellen Bereich ist sie das unmittelbare Medium der Selbstverwirklichung auf Gegenseitigkeit. Erst durch den Partner spürt der Mensch sich selbst in seiner Leiblichkeit, erst durch die Frau wird der Mann zum Mann, und erst durch den Mann wird die Frau zur Frau. Dies ist eine Realität, die aber hintergründiger und hintersinniger ist als die an die Sexualorgane gebundene Realität. Die Partnerschaft ist allein schon damit gegeben, daß beide Geschlechter gemeinsam auf der Welt sind und aufeinander einwirken im Sinne einer Intersubjektivität, die als solche nicht unbedingt abhängt vom leiblichen Vollzug der Partnerschaft. Stets zeigt das eine Geschlecht dem anderen, zeigt der eine Partner dem anderen, was er hat, was ihm fehlt und was er braucht. Man darf in diesem Zusammenhang nicht vergessen, daß zur Identität der Frau auch das Wesen der Mütterlichkeit, die Ausstrahlung der Mütterlichkeit gehört. Die Idee des Zölibates im Priester- und Mönchswesen der katholischen Kirche bedarf des sinngebenden Hintergrundes der Marienverehrung. Die Religionen haben sich von jeher das Recht genommen, den Raum der Intersubjektivität unbegrenzt weit zu öffnen, und jenseits aller Intersubjektivität erweist sich Gott als der Inbegriff (die Essenz) der Subjektivität.

44.

Dialektik der Partnerschaft: Sadismus und Masochismus. – Indem wir vom Spielraum der Intersubjektivität sprechen, sprechen wir, nur mit anderer Wortwahl, vom Spielraum der Phantasie, deren leibhaftes Sichdarstellen der sinnlichen Wirklichkeit zugehört. Wir haben hier vor uns das weite Feld gegenseitiger Beziehungen seelischer (nicht mechanischer) Art, auf dem alles sich abspielt, was wir auf die kurze Formel gebracht haben: Alles Lebendige erkennt unaufhörlich sich gegenseitig, indem es sich gegenseitig das Subjektsein bestätigt, sich gegenseitig zum Sichselberspüren verhilft.

Ganz konkret, so wiederholen wir, vollzieht dieser Prozeß sich im gesamten Spektrum des sinnlichen Lebens in der sehr weiten Bedeutung, die sich in dem aufgespaltenen Spektrum der fünf Sinne anzeigt. Am allerkonkretesten, am handgreiflichsten vollzieht es sich im Medium der in biologischer Bedeutung spezialisierten Sinnlichkeit, die wir die sexuelle nennen. Von Spezialisierung kann man freilich hier nicht sprechen, wenn man es objektiv meint und die Sexualität dem Zwecke der Fortpflanzung unterordnet. Von der Sexualität hingegen subjektiv zu sprechen, heißt sich einzulassen auf die unabsehbaren Ausweitungen und Ausstrahlungen, die uns Anlaß geben, von einem hintergründigen erotischen Verhältnis überhaupt zu sprechen. Indem man dies tut, begreift man, daß es unmöglich ist, die Sexualität abzutrennen von den religiösen und ethischen Sinndeutungen unseres Daseins. Trivial von der Sexualität zu sprechen, ist im Grunde ein unsittliches Unternehmen, denn damit wollen die Menschen sich am Ernst der Subjektivität überhaupt vorbeimogeln.

Im Triebleben, das wir das sexuelle nennen, liegt eine Dialektik verborgen, die sich ausweitet zur Dialektik der Intersubjektivität in allen ihren Dimensionen. Zwei polare Begriffe verdeutlichen dies, die man dem sexuellen Leben gleichsam abgelauscht hat, die aber im weitesten Sinne dem sinnlichen wie sittlichen Leben zugehören, die Begriffe des Sadismus und des Masochismus. Ich will aufgehen in der Wirklichkeit des Partners, besagt der eine Begriff, ich will mich des Partner bemächtigen, um die Macht meiner Wirklichkeit zu spüren, besagt der andere.

In der naiven Sexualität ist beides aufgehoben und als Wechselspiel wirksam, ohne in die Perversität umzuschlagen. Beides gehört hier in die Bereiche von Spiel und Übermut und Angst. Die

Paarungsspiele der Tiere machen es uns anschaulich. Eine absolut lebensfremde Gelehrsamkeit will uns weismachen, daß der Mensch die Ethik erfunden habe (und nötig habe), damit sie ihn hinausheben soll über das «brutale» Triebleben der Tiere. Nichts davon ist wahr – wo immer Tiere sich paaren, sind sie miteinander verständigt. Sie wissen nichts von der Sünde, die der Mensch in einer für ihn spezifischen überheblichen Borniertheit Bestialität nennt. Tiere vergewaltigen einander nicht. Sie spielen ein Spiel auf Gegenseitigkeit im Sichzeigen und Sichverbergen in allen Variationen von Spaß und Eifer. Erst der Mensch ist es, der als Spielverderber auch und zuallererst im sexuellen Bereich auftritt, bis hin zu der Verworfenheit des Triebtäters (wie ihn unsere irreführende Sprache nennt), der in Wahrheit sich zutiefst schuldig macht an der Natur der Triebe. Er ist pervers in der erweiterten Bedeutung des Wortes, das hier soviel besagt wie eine Perversion im Bereich der intersubjektiven Sinnlichkeit und Sittlichkeit überhaupt. In diesem Bereich behalten die Begriffe von gut und böse einen Ernst, über den man nicht hinwegreden darf. Es fällt uns schwer, dies zu verstehen, weil unsere philosophische Tradition uns dazu erzogen hat, die

Ethik in der falschen Etage anzusiedeln. Sie hat von Anfang bis Ende Wohnrecht im ganzen Haus.

45.

Die Phantasie als Ausdruck der Intersubjektivität. – Sadismus wie Masochismus haben beide eine sinnliche sowohl wie eine ethische Bedeutung, und es ist kein Einwand, sondern eine Bestätigung, wenn wir hinzufügen, daß sie beide ihren Nährboden bekanntlich in der Phantasie haben. Durchaus kann man daher von einer Perversion der Phantasie (der Einbildungskraft) sprechen, und eben auf diesem Wege kann die Dialektik des Erotischen (zwischen Macht und Hingabe) auch zu unheimlichen Destruktionen der Persönlichkeit führen. Bekannte Romane wie die von Sade illustrieren dies ebenso wie die kaum weniger bekannt gewordene «Geschichte der O». Hier münden die Perversionen in den weiteren Bereich der Süchtigkeit ein. Als Süchtigkeit darf man definieren eine mit Wiederholungszwang verbundene und dadurch zum Leerlauf führende Bewußtseinsveränderung. Die Phantasie zerstört in diesem Falle das Leben.

Umgekehrt bleibt die Phantasie unterentwikkelt in den Zonen des trivialen Alltages, und sie bleibt es vor allem dann, wenn hier Sexualität und Selbstgefühl ein unehrliches Spiel miteinander treiben. Gemeint ist eine Verfälschung des sinnlichen wie ethischen Wesens lebensvoller Partnerschaft durch phantasielose Fixierung hier auf die männliche, dort auf die weibliche Rolle. Hier steht in unserer Zeit die bessere Wahrheit zunächst einmal auf seiten der Frauenbewegung, insoweit sie die unehrlichen Fixierungen ablehnt. Die meisten langweiligen und miesen Phantasielosigkeiten im Zusammenleben der Geschlechter beruhen auf angeberischer Männlichkeit. Von der Frau wird Masochismus erwartet. Es wird die andere Wahrheit vergessen, daß zum Mannsein auch dies gehört, die sinnliche Macht der Frau zu spüren, und dies zu erfahren nicht als Machtverlust und Einengung des Selbstseins, sondern als Ausweitung der Individualität. Die Aggressivität des Abendländers hat nicht unwesentlich etwas zu tun mit den Fehlformen der Selbstbehauptung, die dahin zielen, dem Manne die dominierende Rolle zuzuweisen.

46.

Der Masochismus als Kontrahent der Mündigkeit. – Der Sadismus, soweit er über das Spiel hinausgeht, ist verbunden mit Amoralität und, so sollten wir klar und einfach sagen, mit dem Prinzip des Bösen. Darauf ist zurückzukommen. Beim Masochismus liegt die ethische Problematik an anderer Stelle. Gemeinsam mit dem Sadismus ist er zunächst zwar auch an die Sexualität gebunden, vom offenen Hintergrund her aber ist er verbunden mit einem weit ausgreifenden, von der Ratio her durchaus nicht zu verstehenden Bedürfnis nach Hörigkeit und damit mit einer sehr ernst zu nehmenden Infragestellung dessen, was die Aufklärung unter Freiheit versteht.

Da Freiheit an das Selbstsein gebunden ist, wird hier die Möglichkeit in Frage gestellt, die Idee der Freiheit überhaupt deutlich zu umreißen. Wie schwer die Menschen mit dieser Idee zurechkommen, ist allein daran abzulesen, daß das innerste Selbstseinwollen fortgesetzt durch unehrliche Arten des Sichdarstellens überlagert wird. Die intellektuellen Verfechter der Freiheitsidee fechten in der Luft, wenn sie nicht verstehen, daß aus vielerlei Motiven die Menschen keineswegs in letztgültiger Weise frei sein wollen – jedenfalls nicht frei in der Weise, wie es der Theorie vom mündigen Menschen gemäß sein soll. Der ethische Ernst des Freiseins wird im Grunde dann schon mißverstanden, wenn der Mensch sein Gewissen mit einer Idee, die verwirklicht werden soll, vertauscht. Er steht und fällt mit dem Ernst, der darin liegt, ein Einzelner zu sein – ein Einzelner vor Gott und vor den anderen Menschen. Ansprüche zu stellen – auch berechtigte, auch notwendige Ansprüche –, hat unmittelbar mit der Bedeutung der Freiheit nichts zu tun, so sehr der Anschein dagegen spricht. Hier wird objektives Freisein, machbare Befreiung voreilig gleichgesetzt mit dem, was dahinter stehen müßte: die subjektive Freiheit, die, ob es gut oder schlecht ausgeht, mit der Qualität des Ethischen gleichbedeutend ist. Der objektiven Freiheit fehlt eben diese Qualität, sie macht für sich allein genommen den Menschen weder schlechter noch besser.

Dies gilt auch für die Freiheit in politischer Bedeutung. Sie ist vor alledem, was sonst damit gemeint ist, eine Leistung konstruktiver Denkmodelle des Zusammenlebens der Menschen. Die vernunftgeleiteten Prinzipien der Demokratie zwingen uns zwar keineswegs, die andere, die subjektive Dimension der Freiheit zu verleugnen. Man soll nur nicht vergessen, daß hier Fragen von viel tiefergründender Art ins Spiel kommen. Wo es um subjektive Qualitäten geht, hat die Religion das letzte Wort: Subjektive Freiheit ist Freiheit des Glaubens in einem sehr viel radikaleren Sinne, als die viel zu allgemeine und dadurch beinahe banal gewordene Idee der Toleranz (Freiheit für alle Bekenntnisse) beinhaltet. Freiheit des Glaubens bedeutet Freisein in den weiten Bereichen der subjektiven, der durch Ideen nicht verdorbenen Unmittelbarkeit. Die Freude des freien Menschen ist der freie, nicht der meine Meinung teilende Mensch.

47.

Magie ist mißbrauchte Mystik. – Freiheit ist ein so offener Begriff, daß man ihn nicht festschreiben kann. Alle Appelle an die Mündigkeit des Menschen, alle Bekenntnisse zur Glaubensfreiheit werden überholt von dem Hörigkeitsbedürfnis der Menschen, wenn es ausartet zu jener Perversion, jener suchtartigen Perversion, die der Sektenbildung zugrunde liegt. Hier wird aller Freiheit entgegen die Machtfrage virulent. Sie wird vom innersten Kern her aufgerollt: Es geht um die seelische Macht über Menschen. Das Suchen der Menschen nach Sinn und Glauben jenseits politischer Notwendigkeiten wird von den Hochstaplern im religiösen Bereich aufgegriffen, die mit der den Hochstapler kennzeichnenden schamlosen Art von Menschenkenntnis sich die Menschen so gefügig machen, daß sie auch bei totaler Entpersönlichung noch an freigewählte Entscheidungen glauben.

Man hat vergeblich erwartet und wird es weiterhin vergeblich erwarten, daß mit dem Geist der Aufklärung die Perversionen in den Bereichen von Trieb und Religion aus der Welt, in der die Vernunft herrschen soll, geschafft werden können. Die Fehleinschätzung hat ihren Grund in der Fehleinschätzung der subjektiven Wirklichkeit, die von der Ratio nicht gefaßt und gezähmt werden kann, weil sie immer und unweigerlich mit dem Hintergrund der Mystik des Menschseins verbunden ist. Dies haben, seit es Menschen gibt, leider immer die am besten und schnellsten begriffen, die dieses ihr Wissen um die schwache Position der Ratio in ein Geheimwissen ausgemünzt haben. Die Magie war seit ältester vorgeschichtlicher Zeit die Geheimwaffe der Eingeweihten in Fragen der Menschenlenkung. Man darf es auf die Formel bringen: Magie ist mißbrauchte Mystik.

Beides gehört zum Menschsein, beides aber mit entgegengesetztem Vorzeichen im Verhältnis zur Ethik: der durch nichts wegzuleugnende mystische Hintergrund unseres Daseins sowohl wie die unausrottbaren Betrugsmanöver, die da, wo es um die Macht geht, ins Spiel gebracht werden.

Die starken moralischen Impulse im Zeitalter der Aufklärung sollen nicht unterschätzt, dürfen aber auch nicht in ihrer Wirksamkeit überschätzt werden. Man war bereit, alle moralischen und intellektuellen Kräfte einzusetzen, um sich vom Chaos abzugrenzen, das die menschliche Existenz zu allen Zeiten bedroht, um Sümpfe trockenzulegen und das wuchernde Unterholz der Irrationalität zu lichten. Allzusehr haben wir uns aber dabei die Möglichkeit ausreden lassen, die Wirklichkeit auch von der anderen Seite her zu sehen. Religiöse Rechtgläubigkeit wurde durch intellektuelle Rechtgläubigkeit ersetzt. Die Idee von der besseren Zukunft als einer machbaren Zukunft ist einhergegangen mit einem Phantasiemord, einem Verlust an sinnlich-sittlicher Bewegtheit.

Es haben sich falsche Fronten gebildet. Man

wollte deutliche Grenzen errichten zwischen Rechtgläubigkeit und Aberglauben. Wo es aber um die Zusammenhänge von Glauben und Ethik geht, verlaufen die Grenzen ganz anders. Jeder Mensch hat zuallererst einmal das Recht auf seinen privaten Aberglauben, von dem er zwar auch sich distanzieren kann, der aber vom Hintergrund seiner Phantasie her ihn niemals ganz zur Ruhe kommen läßt. Aber er verdirbt sich die Offenheit seines Wesens und verfällt den Lebenslügen, wenn er seine Individualität nicht freihält von dem manipulierten Aberglauben, von dem Aberglauben, der sich dem Zeitgeist ausliefert. Jeder Mensch hat zu seinem Glück inmitten der Widersprüche seines Lebens und seiner Meinungen (von denen keine zur anderen paßt) lichte Momente, die er als Erleuchtung, als Offenbarung bezeichnen darf. Die Erleuchtung als Massenerlebnis aber wird zum Verrat. Sie erweist sich als eine Perversion im Randbereich der Religionen.

Von diesem Randbereich her haben immer wieder Phänomene des Massenwahns ihren Ausgang genommen. Hier kommen dann, wie die Erfahrung lehrt, immer noch andere Momente ins Spiel. Hexenwahn oder Judenwahn mögen hier als Beispiele dienen: Erst der organisierte

Wahn, so zeigen die Beispiele, zerstört die Basis des eigenen Gewissens. Was den Hexenwahn betrifft, hat man im Zeichen der Aufklärung einmütig, aber nicht wahrheitsgetreu verschwiegen, daß er nicht im vermeintlich so finsteren Mittelalter, sondern erst mit Beginn der Neuzeit, gleichlaufend mit den Anfängen der Aufklärung, virulent wurde. Daß Menschen heilbringend oder unheilbringend aufeinander einwirken, haben die Menschen immer geglaubt. Zu allen Zeiten, bei allen Völkern hat die Magie sich angemaßt, diese durchaus mystischen Zusammenhänge zu manipulieren. Aber erst der Einsatz der Schriftgelehrten (es sei an den «Hexenhammer» erinnert) im Bunde mit der Behördenmentalität haben System in die Sache gebracht.

48.

Die Rachsucht als Urmotiv des Bösen. – Wir greifen zurück auf die Grundphänomene des Sadismus und des Masochismus. Es sind Pole, die zusammengehören, die in ihrem Verhältnis zur Ethik aber auf gegensätzliche Orientierungen im Verhältnis der Menschen zueinander hinweisen. Im Masochismus im Sinne der Selbsthingabe sind Motive des Märtyrertums eingeschlossen, die sich verbinden können mit menschlicher Größe. Der Sadismus hingegen, soweit er über jenes Spiel hinausgeht, das auch die Tiere kennen, wird im menschlichen Bereich, so wiederholen wir, beinahe gleichbedeutend mit dem radikal Bösen.

Die Frage nach Moral und Amoral wiederum ist gleichbedeutend mit der Frage: Von welcher Bewußtseinsstufe an beginnt die Verantwortlichkeit? Wir antworten: Sie ist im Bereich des Menschseins von Anfang an da, und man kann, indem man vom Sadismus spricht, sie von der Sexualität nicht losreißen, und man kann die Sexualität nicht von der Persönlichkeit losreißen. Der Sadismus steckt überall als Element in der besonderen menscheneigenen Aggressivität darin, die (diese These ist uns wichtig) mit der der Tiere nicht verglichen werden kann. Der menschliche Sadismus ist nicht ein Durchbruch vermeintlicher bestialischer Natur. Die Lebensordnungen der Tiere sind aufeinander abgestimmt. Das Wort Perversität ist gleichbedeutend mit einem Bruch der Lebensordnungen, der alle sittlichen Bereiche umfaßt. Der aggressive Mensch als der virile, der starke Mensch, dem sich das Leben darstellt als brutaler Wettkampf aller gegen alle – dies ist ein Zerrbild des

Menschseins, konkret fast immer des Mannseins, das auf verhängnisvolle Weise (zwischen Trivialität und unverhüllter Mordlust) die konträren Vorstellungen von der Ethik als einem weltfremden, dem Idealismus zugehörigen, mit Überwindung des «Tierischen» einhergehenden Element geprägt hat. Die sinngebende Vorstellung von edler Menschlichkeit wird deformiert zu Vorstellungen von einem Herrenmenschentum mit sadistischen Zügen.

Dieses von Grund auf perverse Menschenbild findet Ausdruck im Männlichkeitswahn. Männlichkeitsbetonte Brutalität ist in Wahrheit aber alles andere als naturnahe Unmittelbarkeit. Sie ist aufgebaut auf verheimlichter Rachsucht. Der Mann will seine pervertierte Vorstellung (die nicht instinktnahe, sondern im Gegenteil instinktlos ist) von Machtausübung einsetzen als Rache für die tiefverwurzelte Macht der Frau. Er rebelliert gegen das natürliche Eingebettetsein des Menschen in das Gesamtgefüge des Lebens.

Wenn man fragt, welche Rolle die Rachsucht in ihrer Verbindung mit dem Sadismus und der Kriminalität spielt, dann findet man von allen Seiten her unseren Satz bestätigt von dem Sadismus als Urelement des Bösen, das man als solches weder erklären noch wegerklären kann. Die Wissenschaft kann hier keinen Beitrag geben. In den Bereichen objektiv faßbarer Zusammenhänge gibt es kein Gut und Böse. Aber auf der anderen Seite der Wirklichkeit, die wir die subjektive nennen, gehören Gut und Böse zu den Elementarwahrheiten unseres Daseins. Einen objektiven Teufel gibt es nicht. Aber den Teufel in subjektiver Bedeutung kann keine Wissenschaft aus der Welt schaffen.

Weil konstruktives Denken nicht zuständig ist für unser Fragen nach Gut und Böse, blickt man in die falsche Richtung, wenn man sich Hilfe erwartet von Leitlinien moralischer Lebensführung. Denn nirgends ist bei dieser Suche das zu finden, was allein Sache wahrer Anteilnahme ist. Die Anteilnahme findet man auf der Gegenseite. Bei den Tieren versuchen wir mit dem Begriff der Instinkte beides mit einem Wort zu fassen, die Objektivität und die Subjektivität ihres Daseins. «Die Natur» leitet den Sinn ihres Lebens. Wir können zwar durchaus von bösartigen Tieren sprechen, aber einen Sinn, wenn auch noch so vieldeutigen Sinn hat dies nur, wenn wir damit Tiere mit widernatürlichen (perversen) Verhaltensweisen meinen. Wo aber beginnt und entwickelt sich das Böse im menschlichen Bereich? Es beginnt offenbar ebenfalls im Widernatürlichen (dies ist in der Tat auch gemeint, wenn vom Naturrecht die Rede ist), es formiert sich aber in allen Bereichen des persönlichen Lebens, in allen Bereichen der vieldimensionalen Intersubjektivität.

Es gewinnt Gestalt in allen destruktiven, die Ethik pervertierenden Tendenzen, und in einer nur dem Menschsein vorbehaltenen Weise formiert es sich hier in ständiger Dialektik von konstruktiven und destruktiven Tendenzen. Beides nämlich hat Teil an jenem Prozeß, den die außermenschliche Natur nicht kennt: daß nämlich der Mensch unaufhörlich die Mitwelt verändert, daß er ständig abreißen muß, um nach seinem Sinne aufzubauen. Hier in der Tat sind die wichtigsten Wurzeln zu suchen für die besondere Art der menschlichen Aggressivität. Wo immer er plant und baut, muß sich der Mensch das dafür notwendige Terrain erst erobern.

Hand in Hand mit jedem Aufbau geht der Abbau, der Eingriff, die Gewaltanwendung, damit Platz geschaffen wird für die Verwirklichung neuer Ideen und neuer Programme.

Destruktion, damit der Weg frei wird – damit bezeichnen wir die Stelle menschlicher Dialektik, an der die sadistische Pervertiertheit in der Art, wie die Menschen miteinander umgehen, virulent wird. Einfacher gesagt: Hier spielt der Teufel seine Karten aus, hier manifestiert sich etwas von dem Teuflisch-Bösen, das die Menschen aggressiv werden läßt. Hier werden Motive und Antriebe im Prozeß gesellschaftlicher Formierungen und Veränderungen, die zunächst einmal sinnvoll und zeitgemäß sind, vom Grunde her deformiert. Hier wird das schicksalhafte Mißlingen jeder Revolution vorprogrammiert. Im bekannten Manifest der Anarchisten im Vorfeld der neuzeitlichen Revolution kommt die Aggression, die Destruktionstendenz überdeutlich zum Ausdruck: «Unsere Aufgabe ist die furchtbare, totale, universelle, erbarmungslose Zerstörung.» Hier kommt die Rachsucht zum Vorschein, die das menschliche Gesicht zerstört. Als ein Beispiel, das den Menschen unserer Generation allzu deutlich vor Augen steht, darf der «Führer» genannt werden, der auf monströse Weise seine hochgespannten konstruktiv gemeinten Ideen und sein Organisationstalent mit der schrecklichsten Destruktion verbunden hat. «Ich beschloß, Politiker zu werden» – diese bekannten Worte im Manifest «Mein Kampf» übersetzen sich beinahe von selbst in die Worte: Ich beschloß, Rache zu nehmen.

Was daraufhin geschah, ist beispielhaft im schlimmsten Sinne: Nachdem der Rachsüchtige zusammen mit der Individualität anderer seine eigene sittliche Substanz zerstört hatte, ging es ihm am Ende nur noch darum, soviele andere wie möglich in diesen Prozeß hineinzuziehen.

49.

Die Frage nach dem Übermenschen. – Manches spricht dafür, daß die großen Despoten der ersten Hälfte unserer Jahrhunderts, die alles, was man vorher unter Moral sich vorstellte, deformiert haben, zeitbedingte Erscheinungen waren, die so nicht wiederkommen, weil der Zeitgeist sich geändert hat. Ohne Zweifel können sie mit den ethischen Mißverständnissen des vorangegangenen Jahrhunderts in Zusammenhang gebracht werden. Man hatte einen Glauben aufgebaut an die starken Männer auf der Grundlage ideologischer Verfälschungen des Menschenbildes, auf der Grundlage jener katastrophalen Menschenunkenntnis, die für alle Ideologien nach dem Verfall der Religionen kennzeichnend war. Das Bedürfnis nach einem Geniekult lag damals überall in der Luft, weil man als selbstverständlich annahm, was in der

Tat am Anfang des 19. Jahrhunderts weithin noch selbstverständlich war: daß zur menschlichen Größe die sittliche Größe gehört.

Nur so läßt sich das Pathos verstehen, das in vieler Hinsicht das Pathos einer Verfallszeit war, das Pathos, das seinen intensivsten Ausdruck gefunden hat in dem Nietzsche-Wort vom Übermenschen.

Es ist schmerzlich zu sehen, wie hier der feinfühligste Denker und Fragesteller jener Zeit (in dieser Weise am ehesten mit Kierkegaard vergleichbar) unter dem Einfluß der zeitbedingten Ideologien von allen Seiten her mißverstanden wurde. Um bei Nietzsche wahre Antworten zu finden auf entscheidende Fragen der Ethik, muß man als unbefangener Frager (der nicht nach einem System im philosophischen Sinne fragt) sich inspirieren lassen von dem Freimut, von der Skepsis und von dem Lebensglauben, von der ethischen Grundhaltung, mit der Nietzsche dem Nihilismus entgegentrat – dem gespenstischen Nihilismus totaler Nichtethik, der die Jahrhundertwende geprägt hat.

Wo Nietzsche vom Jenseits von Gut und Böse spricht, spricht er in Wahrheit als der große Ethiker, der mit ebensoviel Schmerz wie Scham nach einer Ethik fragt, die sich von allen Lügen löst. Es geht ihm um ein lügenfreies Menschenbild, das ihm vor Augen steht als ein Menschenbild von Tiefsinn und sittlicher Kraft mitten in einer Welt, in der Brutalität und Betrug, Gemeinheit und Narrheit dieses Bild unaufhörlich zu destruieren drohen. Nietzsche als einer der hellsichtigsten Psychologen des Abendlandes gibt uns das Stichwort: Die Unschuld der Selbstwertgefühle wird verdorben durch den Lebensneid. Der Lebensneid ist es, der die menschlichen Beziehungen verdirbt, der auf hintergründig-sadistische Weise das Vertrauen auf die selbstverständliche eigene Würde wie auf die des anderen zerstört. Die altgermanischen Sprachen hatten das Wort Neiding als den Gegenbegriff zur Hochherzigkeit. Diese beiden gegensätzlichen Begriffe halten sich durchaus in Distanz zu dem, was wir heute unter Moral zu verstehen gelernt haben. Sie lassen sich auf den Begriff des Bösen nur insoweit ein, als sie es gleichsetzen mit häßlicher Gesinnung. Das Wort Neiding meint den schäbigen und mißgünstigen Menschen. Dies genügte für die sittliche Orientierung in jener Frühzeit abendländischer Kultur. Das Verhältnis zum Töten (von Mensch wie Tier) war im Altertum sowohl wie im Mittelalter für den heutigen Europäer erschreckend und befremdend.

Aber es war im Hintergrund verbunden mit einem ebenso anderen Verhältnis zum eigenen Tod. In beiden Fällen lag der Akzent der Moral an anderer Stelle. Was damals unvergleichbar stärker empfunden wurde, war die Unterscheidung von hochherzig und niederträchtig.

Man hielt sich, wo immer es um die Frage nach menschlicher Größe ging, in naiver Distanz, in ehrlicher Distanz und in tragischer Distanz zugleich von der rachsüchtigen Vorwurfshaltung, von dem Moralismus, der in unserer Welt dem Begriff des Bösen gegenübersteht. Das Ethos der griechischen Antike, der nordischen Sagas, des Nibelungenliedes, der Dramen Shakespeares kennt unseren Moralismus nicht, der trotz eines Hintergrundes von sittlicher Wahrheit allen Lügen unserer Zeit hilflos ausgeliefert ist. Gewiß, man kannte die naive Brutalität, sie war dem Alltag in alter Zeit allzu vertraut, aber man kannte nicht die niederträchtige Brutalität der moralisch getarnten Machthaber und ihrer gehässigen Knechte. Kurz und gültig sagt es Karl Kraus: «Dem Knecht ist Gewalt gegeben. Das wird seine Natur nicht vertragen.»

50.

Macht macht gemein. – Elitär denken heißt weniger Ansprüche stellen als die anderen. – Was im Schatten der Macht geschieht, ist zwielichtig, solange es Menschen gibt. Die Idee, die Macht abzuschaffen, aber macht die Sache immer nur schlimmer, weil das Falschspiel, das Verwirrspiel zwischen Idee und Lüge dann überhaupt keine Grenzen und Regeln mehr kennt. Es gibt nur eine vom Grunde her ehrliche Gegenposition zur Macht, die Position des Einzelnen.

Die Position des Einzelnen aber wird von Anfang an mißverstanden, wenn hier das Wort vom Herrenmenschen ins Spiel gebracht wird. Dieses Wort in Verbindung gebracht zu haben mit dem, was das Wort Edelsinn meint, nämlich ein ungebrochenes Verhältnis zwischen Sittlichkeit und nach außen hin bestätigtem Rang, hat sich historisch gesehen allerdings immer wieder als Lüge erwiesen. Es ist eine von den Herrschenden erfundene Lüge, so sagen die Sozialisten. Da die Herrschenden in der Tat immer auf solche Weise sich die Karten zuspielen, behält die sozialistische Idee insoweit immer wieder recht. Aber sie behält nicht recht, wo immer und solange immer es Eliten gibt, die vom Ethos des

Einzelnen geprägt sind. Was wir damit meinen, läßt sich in den Satz fassen: Nur der, der mit der Macht umgehen kann, ohne Menschen zu erniedrigen und zu beleidigen, vermag etwas von dem zu verwirklichen, was zum Wesen einer Elite gehört.

Denn es ist ebenso wahr, daß ohne Vorbilder noch nie eine Kultur und eine profilierte Ethik sich zu einer beglückenden Einheit zusammengefunden haben, wie es wahr ist, daß die Methoden der Herrschaftsausübung sich übertragen lassen und übernommen werden, ohne daß die Ethik mitfolgt, ohne daß die menschliche Substanz der Herrschenden ausreicht.

Wenn man nicht vergißt, daß zwar der Mißbrauch der Macht im Völkerleben durchaus die Regel ist, braucht man trotzdem nicht zurückzustecken: Die ethische Bedeutung dessen, was man Edelsinn nennen darf, wird davon nicht berührt. Es gibt keine andere tragfähige Basis ethisch fundierter Machtausübung. Mit der missionarischen Heilsbotschaft von der weltbeglükkenden Demokratie hat sie nichts zu tun: Sie entzieht sich der Propaganda. Sie ist da zu finden, wo man sie am wenigsten sucht – in jedem nicht pervertierten Individualismus, mit dem weder die demokratische Botschaft noch die ihr entgegengesetzten Herrschaftsverhältnisse etwas anzufangen wissen. Mag es auch pathetisch sich anhören, so ist es doch immer nur der freimütige und hochherzige Mensch, der sich als der wahre Individualist darstellt. Seine Individualexistenz hat viele Wurzeln, unbedingt jedenfalls (Nietzsches Worten gemäß) tiefere Gründe als das Bewußtsein.

51.

Menschliche Gemeinschaft ist ein Kunstwerk. – Der Feind des nicht pervertierten Individualismus aber sind die öffentlichen Meinungen. Damit kommen wir auf unsere Aussage zurück (eine vereinfachte Aussage selbstverständlich), daß man unser Jahrhundert als das Jahrhundert der öffentlichen Lügen bezeichnen darf. Bei Vergleich mit früheren Epochen menschlicher Moral wird man gewiß feststellen, daß es immer eine fragwürde Moral war, die als die offizielle sich dargestellt hat, aber immerhin war sie doch immer noch religiös fundiert.

Weltweit hat man den Homo sapiens inzwischen nur immer mehr deformiert durch das gegenseitige Sichbelügen. Die breite Plattform –

immer breiter und platter geworden – kann mit dem einen Wort: Werbung bezeichnet werden. Darüber baut sich eine alle Ideale mißbrauchende Propaganda auf, die sich bedingungslos den Gesetzen von Markt und Macht unterwirft.

Wenn persönliches, intimes Leben und öffentliches Leben sich nicht mehr sinnvoll zusammenfügen, geht die Identität verloren, die darin besteht, beides zu sein, ein Einzelner und ein Zeitgenosse. Menschliche Gemeinschaft ist, wenn es eine geglückte Gemeinschaft sein soll, zu allen Zeiten ein Kunstwerk. Die Politik, die Rechtsordnungen, der Umgang mit der Macht in allen Lebensbereichen stellen sich dar als Akte der Balance und des Ausgleiches. Das Gleichgewicht, zu jeder Zeit ein labiles Gleichgewicht, läßt sich nicht wiederherstellen, wenn die Menschen nicht mehr geschützt werden vor zuviel Lärm, zuviel Worten, zuviel Machenschaften, zuviel Veranstaltungen, zuviel Moden. Es geht der Instinkt verloren für die wortarmen Selbstverständlichkeiten des Lebens. Ohne Instinkt aber gibt es keine Sinnfindung, ohne Religion gibt es keine Sinnfindung – und, so müssen wir hinzufügen, ohne eine selbstverständliche Art von Patriotismus will das Zusammenleben der Menschen nicht glücken. Wir fügen es zögernd hinzu, weil der Patriotismus auf die allerunverschämteste Weise der Macht und dem Mißbrauch ausgeliefert worden ist. Will man aber dem Pessimismus nicht das letzte Wort lassen, gibt es offenbar doch immergültig diesen einen Trost: Laßt die Menschen in Ruhe, so werden sie alles wiederfinden, was sie brauchen.

52.

Aufgesagte Meinungen sind unwahre Meinungen. – Die öffentlichen Meinungen treiben ein böses Spiel mit den Menschen, weil alle Meinungen ihrem Wesen nach aggressive Tendenzen in sich tragen. Sie bringen uns in Zugzwang. Man hat «seine» Meinung kundgetan – nun muß man sie nach besten Kräften verteidigen. Die Magie menschlicher Macht – die mit wortlosem Selbstsein nichts zu tun hat – bemächtigt sich der Meinungen, sobald sie ausgesprochen sind. Es endet damit, daß es allein noch darauf ankommt, recht zu behalten. Es endet in dem vagen Wahn, Meinungen müßten und könnten ausdiskutiert werden.

Hier, im Prozeß der Meinungsbildung wird es wahr und wichtig, daß der sittliche Gehalt von Meinungen davon abhängt, ob es um Meinungen geht, die im persönlichen Leben ihre Wurzeln haben, oder um propagierte Meinungen, die sich auf schreckliche Weise potenzieren, wenn Macht und Massenlenkung sie in die Hand nehmen. Es ist da allerdings ein Unterschied zwischen Massenmeinungen und Meinungen, die in natürlichen Gruppen und mit langer Vorgeschichte gewachsen sind. Diese, die langsam gewachsenen Meinungen, selbst wenn es Vorurteile sind, verhalten sich in mancher Hinsicht konträr zu den manipulierten Meinungen, verhalten sich dagegen nicht konträr zur zwanglosen Selbstfindung, die nun freilich mit der hintersinnigen Wahrheit verbunden ist, daß die innerste Wahrheit aller Meinungen immer davon abhängt, ob es die eigenen Meinungen des Einzelnen sind. Je mehr Menschen die gleichen Meinungen haben – zutreffender gesagt die gleichen Meinungen nicht eigentlich haben, sondern aufsagen –, desto mehr reden die Menschen zwar zunächst auf unschuldige Weise aneinander vorbei, desto mehr aber auch werden sie von den Betrügern an der Nase herumgeführt.

53.

Kehrseite der Intellektualität: Der Parasitismus der Cleveren. – Am Ende freilich, im Endergebnis der Massenkommunikation gibt es überhaupt keine Meinungen mehr. «Einst durfte man nicht wagen, frei zu denken» schreibt Oswald Spengler, «jetzt darf man es, aber man kann es nicht mehr.» Der Computerverstand überholt den gesunden Menschenverstand. Der Computer jedenfalls ist meinungslos. Nun braucht man trotzdem keine Sorge zu haben, daß der gesunde Menschenverstand, soweit er im konkreten Lebensappetit seine Grundlagen hat, jederzeit im Alltag doch noch auf seine Rechnung kommt. Pragmatisches Denken weiß sich schon weiterzuhelfen. Aber an anderer Stelle wird der Boden der Vernünftigkeit unter unseren Füßen zerbrechen, wenn das, was wir bisher unter Kultur verstanden haben, durch Informationstechnik ersetzt wird. Die Frage, was wir mit dem Boden meinen, ist einfach zu beantworten: die hintergründige Sinnfindung ist gemeint, für die es ohne Religion und Ethik keinen Ersatz gibt.

Man kann die Menschen nicht mit Speisekarten anstelle der Speisen selbst füttern. Das Leben wird auf Daten reduziert, die in unvorstellbarer Menge und Präzision gespeichert werden und abgerufen werden können. Alles wird verfügbar für alle – soweit es mit Quantität zu tun hat. Informationen erweitern den Aktionsbereich, aber Sinngehalt haben sie keinen. Sie nähren nicht, weil sie nur der sachlichen, aber nicht der persönlichen Interaktion dienen. Naturwissenschaft und Technik lassen die Geisteswissenschaften in einem desperaten Zustand zurück, Alexandrinertum ist das Gegenteil von Kultur, da Kultur auf Wertgefühle angewiesen ist. Die Selbstbefriedigung der Enzyklopädisten läßt außerhalb der Studierstube und der Fachkongresse keine Herzen höher schlagen. Intellektuelle haben zu jeder Zeit die Neigung, sich zu isolieren – eine Neigung, die notwendig ist, damit der Geist, ehe er zünden kann, nicht im Zeitgeist erstickt. Sie haben aber auch eine andere Neigung von fragwürdigerer Art, die Neigung zur Cliquenbildung. Hier verliert sich dann jede Art intellektueller Betriebsamkeit in einer Grauzone, in der clevere Insider es verstehen, falsche Karten auszuspielen. Hier nimmt Hand in Hand mit der vulgären Begehrlichkeit, die der Zeitgeist an allen Fronten des Erwerbslebens anheizt, die Begehrlichkeit der approbierten Experten nach immer neuen Stellungen und materiellen Vergünstigungen unaufhaltsam zu. Ein Überangebot an Intellektuellen, erst recht an Pseudointellektuellen kann früher oder später dahin führen, daß die parasitären Neigungen, die durchweg zur menschlichen Natur gehören, den Sinn und die Notwendigkeit intellektueller Berufe fragwürdig machen. Ein beschädigter Wirklichkeitssinn bei durchaus unbeschädigtem Egoismus – so ungefähr mag die Diagnose lauten, wenn man die Berufskrankheit der Experten bezeichnen will. Auf viel breiterer Basis aber wird die Sinnfrage unterminiert, wenn den Menschen, wenn am Ende uns allen ein Offenbarungseid abgefordert werden sollte: welches von den beiden demoralisierenden Übeln unserer Zeit das schlimmere sei, die Arbeitslosigkeit oder eine sinnlose, wenn nicht sogar sinnwidrige Tätigkeit.

54.

Organisierte Lernprozesse? – Inwieweit hat alles in allem die Organisation des öffentlichen Lebens überhaupt etwas mit Moral zu tun? Sie hat unmittelbar und unzweideutig zu tun mit dem bestmöglichen Umgang mit der Macht. Ihr Verhältnis zur Moral aber ist ein höchst vieldeutiges und hintergründiges, und es ist weltfremd, sich jemals etwas anderes zu erwarten. Es ist Selbstbetrug, in der Politik an Ideale zu glauben, die sich längst als unsaubere Ideale erwiesen haben. Mit Ethik jedenfalls soll man die Ideale, die als Aushängeschild dienen, nicht verwechseln.

Denn natürlich will niemand sich zum Egoismus bekennen, der zunächst jedoch zur menschlichen Natur gehört, und niemand wagt es laut zu sagen, daß die schamlosesten Egoismen überhaupt erst hinter der Schutzwand der Organisation zu geiler Blüte kommen.

Der Gruppenegoismus ist der schlechthin unsaubere Egoismus – nicht auf Grund berechtigter, notwendiger Interessen in der Auseinandersetzung der Gruppen miteinander, sondern wegen der bekannten lügenhaften Appelle an die Moral der anderen.

Die Ehrlichkeit im Sinne der lauteren menschlichen Präsenz ist ein für allemale den persönlichen Beziehungen vorbehalten. Alles andere sind Machtfragen. So gesehen kann die Politik der Ethik gegenüber nur eine bewahrende, schützende (das persönliche Leben schützende), nicht aber eine aufbauende Funktion haben. Daß die persönliche Kommunikation nicht zerstört oder trockengelegt wird durch die organisierte Kommunikation, daß das Grundwasser der Wertbegriffe nicht versiegt, daß die Stimme des Einzelnen nicht total verstummt und – da dies alles zusammengehört – daß der Rückbezug auf die Frage nach dem Sinn nicht abgewürgt wird – dieser behutsame Ernst allein bewahrt die Politik davor, in ein perverses Verhältnis zur Ethik zu kommen.

Ethik bedeutet hier soviel wie Durchsichtigkeit. Ein Staat kann kein Recht erfinden, sondern nur Rechtschaffenheit ermöglichen und schützen. Er kann keine Moral konstruieren, sondern nur die Ethik davor bewahren, in Konstruktionen hineingezwungen zu werden, die sie regenerationsunfähig machen und ihr die Lebensfrische nehmen. Sie regeneriert sich von selbst, wenn sie nicht allzu fühllos mißbraucht wird. Keine Rechtsordnung kann Feinfühligkeit, Warmherzigkeit, Gutgläubigkeit schaffen, sie kann nur Sorge tragen, daß dies alles nicht hinterhältig mißbraucht wird. Keine Pädagogik kann so etwas wie Geistesleben und Bildung produzieren, vielmehr sollte sie den Geist schützen vor den Machenschaften der Ideensüchtigen und Programmsüchtigen.

Kein auf schlimmere Art sinntötendes Programm ist in die Frage nach Schulbildung in die

Diskussion gebracht worden, als die Definition, um die sich eine Schulbehörde bemüht hat, dahingehend, daß die Organisation von Lernprozessen Aufgabe und Wesen der Schule sei. Ausbildung wird mit Bildung verwechselt. Gesichtslose Lehrer und gesichtslose Schüler kennen nur noch ein ausgedachtes Weltverständnis – ein Weltverständnis wie geschaffen für die Machenschaften der Schieber und Wertverschieber.

55.

Die Frage nach glaubwürdiger Obrigkeit. – Es gibt keine glaubwürdige Obrigkeit mehr – dies unterscheidet unsere sozialpolitischen Konzeptionen von den naiven Gesellschaftsordnungen. Mögen in alter Zeit noch soviel Roheit und Willkür das Selbstgefühl der Menschen gekränkt haben, so gab es doch ein gemeinsames Vertrauen auf konservative Werte, die in den alten, man darf wohl sagen archaischen Lebensordnungen von Generation zu Generation weitergegeben werden konnten. Gewisse Leitgedanken, die nicht auf Veränderung, immer wieder aber auf notwendigen Ausgleich gerichtet waren, die sich nicht ideologisch formieren und formulieren lassen und auch gar nicht solche Tendenzen in sich tragen, waren in stillschweigender Übereinkunft mitbestimmend für den Hintergrund des Lebens. Gemeinnutz vor Eigennutz ist weder eine idealistische noch eine betrügerische Forderung, sondern eine Forderung, die dem Ordnungsgedanken als solchem zugehört. Alles, was man mit Sozialismus meinen mag, hat ein ursprüngliches Heimatrecht in den Wertvorstellungen naiver Zeiten. Die Hilfsbedürftigen nicht im Stich zu lassen, war auch in jenen Zeiten eine Forderung, die nicht allein den Familien überlassen blieb.

Wo immer es Obrigkeit im alten Sinne gab (nicht immer als gut, aber als notwendig), kamen auch noch drei dem Ausgleich dienende Leitgedanken zum Zuge, ohne daß eine Weltanschauung daraus gemacht wurde, und ohne daß Sozialismus auf so triviale Art mit Ethik gleichgesetzt wurde, wie dies heute geschieht in der breit auslaufenden Vorstellung, man könne den Verlust aller anderen Wertgefühle durch Sozialismus ersetzen.

Die Pflicht, für die Schwachen zu sorgen, gehört zu den drei Leitgedanken. Es gehört weiterhin dazu der Gedanke, daß Fleiß, Ehrlichkeit und Vorsorge sich lohnen müssen. Es gehört drittens dazu, daß die kommende Generation im

Blickfeld bleiben muß, und daß schon aus diesem Grunde (in einigen primitiven Kulturverbänden deutlich ausgesprochen) es im Interesse aller liegt, daß von Sonderfällen abgesehen jede Frau einen Mann «bekommt». Heute ist ein solcher Gedanke in dem Maße ein europafremder Gedanke geworden, daß das meiste, was in der Politik geschieht, mit der Verantwortung für den Fortbestand der Völker überhaupt nichts mehr zu tun hat.

56.

Alles, was nicht Individualität ist, ist Quantität, nicht Qualität. – In vergangenen Zeiten, als das Leben der meisten Menschen überall sich am Rande der Armut abspielte, war es immer noch eine Armut in einer lebensvollen Welt. Heute drängt sich die Frage auf, ob materieller Wohlstand in einer armselig gewordenen Welt nicht ein schlechter Tausch ist im Vergleich zu früherer Armut. Viel schlimmer als je zuvor jedenfalls ist es heute, arm zu sein in einer von Autos und Beton deformierten Welt, die jene Wertgefühle erstickt, die die Natur vermittelt und die den Armen auffangen und trösten konnten, indem sie ihn teilnehmen ließen an den Unterströmungen des sinnlichen Lebens.

Es ist ein sehr grobes Mißverständnis, von Lebensqualität zu sprechen, wenn damit Dinge gemeint sind, die man machen und kaufen kann, und es ist – viel tiefer noch greifend – ein Mißverständnis, von Selbstverwirklichung zu sprechen, wenn man das, was der Fortschritt bringt, mit sinngebender Wirklichkeit verwechselt. Man muß das Thema von der entgegengesetzten Seite angreifen: Die Wirklichkeit hat nur eine ganz und gar wahre Qualität (im Kontrast zu allen Quantitativen): das Gesicht nämlich, das sie uns zeigt.

Diese eigentliche Qualität, die darin besteht, ein Gesicht zu haben, kann man zwar einseitig formulieren als eine ästhetische Qualität, und doch ist sie zugleich eine ethische Qualität, die sich nur offenbart in der Wechselwirkung zwischen einer Mitwelt, die ein Gesicht hat, und einem Selbst, das ein Gesicht hat. Ein Gesicht haben ist wiederum gleichbedeutend, ist nur ein anderes Wort für Individualität. Wir dürften dies zusammenfügen zu einer simplen Gleichung: Es gibt keine andere Qualität in dieser Welt als die Individualität. Es gibt nur dieses eine, was unwiderlegbar und nicht machbar ist: das persönliche Leben. Kierkegaard sagt es und Nietzsche sagt es. Zur Kenntnis genommen hat man es nach wie vor nicht.

Man vergreift sich an der Individualität, wenn

man ohne ständige Korrekturbereitschaft die Menschen irgendwelchen Gruppen zuordnet. Wir dürfen dieses Thema hier nochmals aufnehmen, weil hier die Mißverständnisse immer wieder nachwachsen. Der Fehlgriff besteht immer wieder darin, daß die Freund- und Feindbilder auf Gruppen bezogen werden. Es werden in gleicher Weise paranoide Feindschaftsgefühle (die keinem Menschen fremd sind) mißbraucht, um die Menschen zu manipulieren, wie auf der Gegenseite die naive, ebenfalls keinem Menschen fremde Hilfsbereitschaft und Gutgläubigkeit. In beiden Fällen vergreift man sich an der Individualität, am Respekt vor der Entscheidungsfreiheit des Einzelnen.

Die Problematik im Verhältnis der Individualität zur Gruppenbildung zeichnet sich am deutlichsten ab im Verhältnis zu irgendwelchen Randgruppen. Man degradiert ganz gegen eigene Absicht die Hilfsbedürftigen, wenn man sie in einer Randgruppe unterbringt. Man verweigert ihnen damit das, was man allen Menschen zugestehen muß, daß man sie nämlich an unbedingt erster Stelle in ihrer Originalität und der Einmaligkeit ihres Schicksals verstehen muß – da Schicksal und Individualität unteilbar zusammengehören –, nicht in ihrer Zugehörigkeit zu einer Gruppe. Nicht an die Gruppe zu denken, sondern an den Einzelnen, ist die sittliche Forderung – an den Einzelnen, der in jedem darin ist und der als solcher immer der Sympathie bedürftig ist. Die Sympathie kann durch Mitleid nur verfälscht werden. Mitleid läßt sich von einer Degradierung des anderen nur schwer unterscheiden. Sympathie hingegen gilt immer und jedermann gegenüber dem Einzelnen. Im Verhältnis zu Gruppen verliert die Sympathie ihre Unmittelbarkeit – übrig bleibt dann nur eine gesichtslose Humanität.

57.

«Stellt die Lampen um», lehrt Buddha. – Es kann uns in der Situation, in die das Abendland sich hineinmanövriert hat, nur weiterhelfen, wenn wir möglichst weit ausholen mit unserer kritischen Frage: Hat das abendländische Weltverständnis, dieses uns überlieferte konstruktive (perspektivische) Weltverständnis uns an einen Punkt gebracht, wo der Weg zu Ende ist, wo «der unheimlichste aller Gäste», wie Nietzsche sagt, der Nihilismus uns unausweichbar entgegentritt, weil man getrennt hat, was zusammengehört? Liegt der Grundschaden darin, daß dabei die Mittelachse der menschengemäßen Lebensordnungen gebrochen ist?

Wir wollen den Versuch wagen, was unserem Denken durchaus ungewohnt ist, alles auf eine Seite zu nehmen, was dem Leben Sinn geben kann (Sinnlichkeit und Sittlichkeit nämlich) und auf die andere Seite alles das, was mit Machbarkeit, Macht und Zugzwang zu tun hat (was, anders gesagt, dem logozentrischen Denken zugehört), und wir hoffen uns vor ethischen Mißverständnissen zu bewahren, indem wir uns an ein Gebot Buddhas halten: «Stellt die Lampen um», das will sagen, indem wir das Licht von der ganz anderen Seite her auf die Wirklichkeit fallen lassen. Dann ist auf der Seite, die belichtet wird, alles das, was der Welt einen Sinn, einen neuen Sinn gibt, dann wird als zusammengehörig erkannt das subjektive Verhältnis zur Wirklichkeit, das instinktnahe Verhältnis zur Wirklichkeit, das erotische, das sinnliche, das physiognomische – und, hinter alledem, das religiöse Verhältnis zur Wirklichkeit – und dieses wiederum trifft sich mit dem individuellen (dem absolut persönlichen) Verhältnis zur Wirklichkeit, indem von hier aus die Kategorie des Einzelnen erst und nur verstanden werden kann und damit ebenfalls erst und nur das Ethos des Verantwortlichseins.

Wir sollten ablassen von der anstrengenden Bemühung, aus diesem, dem subjektiven Bereich etwas herauszureißen, um es in das objektive Weltbild mit den Leitideen von Kausalität, System, Logik und Ordnung einzufügen. Im subjektiven Bereich gilt nur die Analogie.

Die Subjektivität mit ihrer Eigengesetzlichkeit sollte sich mit dem Bedürfnis nach Objektivität dahin einigen, daß sie beide zur menschengemäßen Existenz gehören und daß von beiden Seiten her kein Gewinn davon zu erwarten ist, der anderen Seite Wirklichkeitsfremdheit vorzuwerfen. Nur so können von beiden Seiten her sich Wertvorstellungen wieder konsolidieren, die dadurch verlorengegangen sind, daß man im Zuge der Aufklärung, unter dem Zugzwang des Ausgedachten das operative (teilende und zusammensetzende) Denken zwar nicht überschätzt, aber an falscher Stelle eingesetzt hat.

58.

Der Einzelne – Originalausgabe aus Gottes Hand. – Ohne Kurskorrektur vom Hintergrunde seiner Existenz her wird der Mensch ein bedauernswertes Opfer des Zugzwanges, der in der Logik darinsteckt. Vieles ordnet sich von selbst, wenn man der Subjektivität nicht Gewalt antut. Solange der Zusammenhang unserer Wertgefühle, der bewährten Wertgefühle, die noch immer zur Identität des Abendlandes gerechnet werden dürfen, der festen Gehalte im weitesten Sinne, der Zuverlässigkeit, der Unbestechlichkeit, nicht durch ideologisches Wühlen zerstört ist. Solange die Mittelachse nicht gebrochen ist, um dieses Bild zu wiederholen, kann man sich auf die Regenerationskraft angeborener Naturgaben noch immer verlassen.

Es gibt sittliche Begriffe, die auf allen Stufen der Bewußtheit ein einheitliches Motiv aufnehmen und weiterführen. Unter vielen anderen Beispielen dürfen wir die Sauberkeit nennen, anfangend mit der den Tieren selbstverständlichen, nur dem Menschen, wenn er verwahrlost, verlorengehenden Reinlichkeit, bis hin zu den Distanzbedürfnissen, die mit dem Schamgefühl verbunden sind. Schwamschwellen abzubauen ist eine der schamlosesten Unternehmungen einer aufklärungsbesessenen Psychologie. Wenn man die Scham abschafft, dann eben schafft man den Einzelnen ab.

Aufklärung wird falsch verstanden, Aufklärung wird fehlgeleitet. Trotzdem bleibt eine zentrale Idee der Aufklärung wertbeständig: die Idee der intellektuellen Unbestechlichkeit. Aber sie stellt, wenn sie allzu stolz sich isoliert, den Menschen vor jene desparate Entscheidung, von der wir sprachen. Um sich von der Lüge so absolut wie möglich freizuhalten, bleibt ihm, so sagten wir, nur der Nihilismus. Der unbestechliche Nihilist aber wird immer ein unverstandener Mensch bleiben, ausgesetzt in der Wüste, ein tapferer, aber ein auf tragische Weise vereinzelter Einzelner. Wer in dieser Weise entschlossen ist, sich nichts vormachen zu lassen, wird jedenfalls aber immun sein gegenüber der Illusion, man könnte für den Verlust des Daseinsglaubens durch eine Ideologie entschädigt werden, die sich als Religionsersatz anbieten will.

Dann ist es ehrlicher, zu hoffen, daß an weit entfernter Stelle doch der Weg nach vorne – vorne in Richtung progressiver Wissenschaft – offenbleibt: Das physikalische Weltbild wird, dies ist die Hoffnung, ständig durchsichtiger und nimmt allen Begriffen von Zeit und Raum die letzten Spuren von dogmatischem Positivismus.

Alles Denken aber mündet, sich selbst überlassen, immer wieder in einen zwar offenen, aber lebensfremden Raum, wenn nicht von der anderen Seite her die Impulse des allerpersönlichsten Lebens Kontur und Farbe in das Dasein bringen. Theorien sind blutlos. Die Intellektualität, für sich genommen, gibt der Person keine Lebensfarbe und kein Gesicht. Alles Licht und Dunkel, aller Sinn hat da seinen Ursprung, wo die Originalität ihren Ursprung hat.

Somit schließt sich der Ring: Ein Einzelner ist in Wahrheit nur, wer ein persönliches (sich immer wieder erneuerndes) Verhältnis zu Sinn und Unsinn, Wert und Unwert, Gut und Böse hat. Originalität ist, so verstanden, nur ein anderes Wort für die subjektive – im Unterschied zur objektiven – Wahrheit. Denn jeder Einzelne, so sagt es Kierkegaard, ist eine Originalausgabe aus Gottes Hand. Nur darin, aber eben darin sind alle Menschen gleich: Jeder ist vor Gott ein Einzelner.

59.

Der Mensch: vieldimensional, von keinem Systemdenken zu fassen. – Wie bereits gezeigt, liegen konträr zur subjektiven Dimension zwei Dimensionen der objektiven Wirklichkeit im Blickfeld der Wissenschaften: die soziologische, die, vereinfacht formuliert, danach fragt, was die Herrschaftsverhältnisse seiner Zeit aus dem Menschen machen, und die biologische, die für die Fragen nach dem Biotypus und dessen erbbedingten Grundlagen zuständig ist.

Beide Dimensionen werden mißverstanden, und sie werden, was dem Problem eine schlimme Wendung gibt, der Machtfrage und der Lüge ausgeliefert, wenn die wissenschaftlichen Konturen mit der Ethik verwechselt werden. Dann werden die Bemühungen konstruktiver Art (die Frage nach dem Erbe und dem, was daraus gemacht werden kann), statt daß sie sinnvoll zusammengefügt werden, auf sinnentstellende Weise gegeneinander ausgespielt. Die eine Konstruktion hat sich als so herrschsüchtig wie die andere erwiesen, und das ganze Falschspiel moralischer Entrüstung (während es in Wahrheit um die Macht geht) wird weltweit dramatisiert.

Wir nehmen dieses Thema wieder auf, weil hier auf der Weltbühne etwas vorgeführt wird, was als das augenfälligste Beispiel für abendländische Fehlkonstruktionen und für die paradoxe Entwicklung der abendländischen Ethik bezeichnet werden darf. Hier ist es aber auch handgreiflich zu demonstrieren, daß der Widersinn «unserer» Moral einen tragischen Hintergrund hat.

Ausgangspunkt ist jene Richtung abendländischer Mentalität, die in jeder, vor allem auch in positiver Weise ihr Kennzeichen ist, die Mentalität, die im Individuum, in der Kategorie des Einzelnen ihren Brennpunkt hat. Eben diese Kategorie wird total mißverstanden, wenn das Menschsein entweder biologisch oder soziologisch, in beiden Fällen objektiv verstanden und erklärt werden soll. Indem der Einzelne konstruktionssüchtig wird (unter dem Zeichen abendländischer Wissenschaft), wird er ein Opfer seiner eigenen Konstruktionen.

Die gegensätzlichen Fronten haben sich versteift in der Weise, daß der biologischen Dimension, sobald sie über den Bereich der Fachwissenschaft hinaus angesprochen wird, eine antiethische (Rassismus ist das Killerwort), der soziologischen die schlechthin ethische Position zugesprochen wird. In beiden Fällen nimmt man aber den Menschen das ihnen jeweils eigene Gesicht, und in beiden Fällen verfälscht man die Grundverhältnisse im Zusammenspiel von Leben und Ethik: Der soziologische Aspekt erweist sich als ein höchst armseliger, wenn man über der Frage, was die Gesellschaft aus dem Menschen macht (und was sie machen kann, um immer mehr Menschen zu immer besseren Menschen zu machen, ihn also zum Produkt der sozialen Maßnahmen zu machen in katastrophalem Kontrast zur Rede vom mündigen Menschen), die Frage vergißt, was er aus sich selber machen kann in einem instinktnahen Gefühl dafür, was hintergründig für ihn (für dich und für mich) wichtig oder unwichtig ist.

Der biologische Aspekt bleibt armselig, wenn hier – durchaus legitim übrigens – gefragt wird nach der «Natur» des Menschen und der Menschen, wenn aber unter Natur nur das verstanden wird, was die Naturwissenschaften dazu sagen können, nichts aber von dem, was an hintergründiger Bedeutsamkeit mit dem Wort Natur, so wie es ursprünglich gemeint war, verbunden ist. Meine Natur, das hat man vergessen oder verdrängt, gehört zu mir, ich bin es selbst, bin es jedenfalls auch selbst. Alles das aber überrundend, was Natur und Gesellschaft für mich bedeuten, bin ich schließlich alles das, was man von außen her gesehen mein Schicksal nennt – wozu man auch in scheinbar konträrer Formulierung sagen kann: alles, was ich aus meinem Schicksal mache. Die Ethik kennt keinen Zufall. Entweder gibt es überhaupt keine Verantwortung, oder es gibt eine hintergründige (nur subjektive) Verantwortung jedes Menschen, die auch seinen

Ursprung und Werdegang umfaßt. Darin liegt die von objektiver Bedeutung unabhängige mystische Bedeutung des Selbstseins.

60.

Tabubereiche kennt nur die Pseudoethik. – Von alledem wird aber die Frage nach der biologisch bedingten Ungleichheit der Menschen nicht berührt, soweit sie nicht als persönliche Frage dem Einzelnen entgegentritt. Man verstrickt sich, wenn man dieses Thema anrührt, allzu schnell in Sinn und Widersinn. Wir haben erfahren, wie schnell und brutal an diesem Punkte das sittliche Verhältnis zu den Mitmenschen in totale Antiethik umschlagen kann.

Es ist aber unredlich, der Tatsache auszuweichen, daß in aller Ungleichheit und folglich in aller Individualität erblich bedingte Formkräfte darinstecken. Jenseits von aggressiven Absichten hat der «gesunde Menschenverstand» es immer gewußt, und alle Anstrengungen, den Menschen dieses Wissen auszureden, es zu verschweigen, lassen sich auf keinen Fall im Bereich pragmatisch wie wissenschaftlich disziplinierten Denkens rechtfertigen. Man hat die Frage nach der Bedeutung der Erblichkeit in Tabu-Bereiche abgeschoben, nur um sich nicht einer Unmoral mitschuldig zu machen. In dieser Beschränkung der Gedankenfreiheit zeichnet sich aber ein skandalöser Mangel an Wahrhaftigkeit ab. Mit Hilfe solcher Tabus löst man an einer überaus wichtigen (und empfindsamen) Stelle die Zusammenhänge zwischen der menschlichen Natur (im umfassenden Sinne) und dem, was Menschsein in ethischem Sinne bedeutet. Man verfehlt das Wesen der Identität, jedenfalls wesentliche Perspektiven dieser Identität und löscht schließlich alles aus, was die Gesichter der Menschen und Völker und bestimmte Züge ihrer Mentalität uns sagen. Man zieht der Überlieferung und Gesittung einen Teil des Bodens unter den Füßen weg, und diese Demontage beginnt bei der Gesittung, die uns am nächsten steht, bei der abendländischen. Was man dabei am wenigsten verstehen will, was aber die Zusammenhänge von Natur und Ethik an der sensibelsten Stelle verletzt, geht immer wieder – und nur hier in ganz konkreter Weise – den Einzelnen an. Weil die subjektive Wirklichkeit vom Grunde her eine gewählte Wirklichkeit ist, setzt eine ungebrochene Identität voraus, daß auch die Ursprünge mitgewählt werden.

61.

Biologie und Ethik. – Wir haben erfahren, daß höchste Vorsicht geboten ist, wo immer diese Wege sich kreuzen. Hier werden herzlose Menschen zu Verbrechern und Demagogen zu Heuchlern. Man spricht zulange schon von Rassismus, ohne den Begriff zu umgrenzen. Er hat, so sagten wir, in moralischer Sicht die Bedeutung eines Killerwortes angenommen. Man hat mit diesem Wort aber zugleich eine breit angelegte, die Biologie voll einbeziehende Menschenkunde verstümmelt und will nicht zulassen, daß sie sich jemals wieder restauriert. Der empfindlichste Punkt, den man nicht zu berühren wagt, zeichnet sich ab, wo es um Fragen nach dem Verhältnis der Politik zu Generationsproblemen geht. Man kann nicht weiterhin dieses, eines der delikatesten Probleme der Politik, auf so demagogische Weise abwürgen, daß man so ausschließlich wie noch nie der Sorge um die Lebensverhältnisse der gegenwärtigen Generation allein eine ethische Berechtigung zuerkennt, was dann meist bedeutet, daß die Moral darin besteht, sich selbst und den Mitlebenden den höchst erreichbaren Wohlstand zu sichern und jeden störenden Gedanken – die platteste Vernunft störenden Gedanken – fernzuhalten. Damit spitzt sich dann die Frage zu: Welcher Eingriff kann der gegenwärtigen Generation zugemutet werden mit Hinblick auf die nachfolgenden Generationen, ohne daß die Ethik durch Verletzung persönlicher Entscheidungen in Antiethik umschlägt. Von Anfang an muß eine nüchterne Bereinigung der Atmosphäre gefordert werden: Der Staat kann nicht Menschen züchten. Er kann in Fragen der Bevölkerungspolitik nur auf behutsame (nicht ideologisch verkrampfte) Weise dazu beitragen, daß die Identität der Menschen, die ihm zugehören, auch in biologischer Hinsicht nicht auf unabsehbare Weise zerstört wird.

Wir haben die ideologische Torheit so weit getrieben, daß wir nicht mehr wahrhaben wollen, daß es gute und schlechte Erbanlagen gibt. Alle Menschen, soweit sie sich ihre Naivität nicht durch Intellektualität haben verderben lassen, verstehen dies ohne Erklärung. Sie wissen es von den Tieren. Nochmals muß es gesagt werden: Wer nur immer ein Verhältnis zu Tieren hat – ein nicht bloß theoretisch orientiertes Verhältnis –, zweifelt keinen Augenblick daran, daß die Tiere Individualität und Charakter haben, daß keines einem anderen gleich ist und daß es sich hier um erbliche Qualitäten handelt.

Dies vorausgeschickt, dürfen wir zwei Fragen nach Ethik oder Antiethik auf den Tisch legen, die beide zum Schaden unseres Menschenverständnisses in dem uns überlieferten Ideengut der Aufklärung keinen Platz gefunden haben.

Die eine unserer Überlegungen knüpfen wir an das an, was eine überspannte Zukunftsideologie uns weismachen will. Wir zitieren Ernst Bloch, der es fertigbringt zu behaupten, alle Werte einer humanistisch orientierten Welt seien aus dem Gegensatz «zu dem unglücklichen Dasein der Tiere» zu verstehen, «die sich gegenseitig die Beute mit Morden der entsetzlichsten Art entreißen». Hier wären sehr bittere ironische Anmerkungen zu machen, es mag aber der Hinweis genügen, daß perverse Brutalitäten, wie sie nur der Mensch, kein Tier aber kennt, im Geleitzug jeder Ideologie bisher sich ständig und sehr gleichförmig wiederholt haben, und daß es immer wieder die weltfremde Idee von einer machbaren besseren Zukunft mit ebenfalls machbaren besseren Menschen war, die den Menschen der Neuzeit zu einem überaus bösartigen «Endlöser» aller Probleme gemacht haben.

Wichtiger noch ist es, in unserem Zusammenhang hinzuweisen auf das erschreckende, zu jedem Verrat an den Mitgeschöpfen bereite Verhältnis des Menschen (vorzüglich im Zeitalter progressiven Denkens) zu den Tieren, die doch die Welt und das Schicksal der Sterblichkeit mit ihm teilen.

Immer mehr Menschen begreifen hoffentlich, daß es höchste Zeit und allerletzte Zeit ist, im Verhältnis zur Mitwelt, zu den Mitgeschöpfen umzulernen bis hin zu dem Punkte, wo wir so unbefangen denken dürfen, daß wir auch den Tieren nicht nur «moralanaloges» Verhalten (wie die Verhaltensforscher es vorsichtig nennen im berechtigten Interesse ethisch indifferenter Objektivität), sondern auch basale ethische Qualitäten zuerkennen. Wir werden dann finden, daß diese Qualitäten in Wahrheit auch in unseren, für den Menschen gültigen Begriffen von Gut und Böse (böse im Sinne der Perversität) enthalten sind.

Es gibt auch gute und böse (entartete) Tiere – dies zu sagen, ist zwar höchst brisant und höchst riskant. Wir wollen uns dabei nicht hinreißen lassen, die Sonderstellung des Menschen im Verhältnis zur Ethik ernstlich in Frage zu stellen. Wir sollten lieber sagen: Gott hat ein anderes, ein problemloseres Verhältnis zu den Tieren als zu den Menschen. Hier sollten wir die Frage nach dem freien Willen gar nicht erst ins

Spiel bringen. Es mag genügen, nur dies zu sagen: Was das Tier will, ist deckungsgleich mit dem, was die Natur will.

Im übrigen aber darf uns nichts daran hindern, das Gemeinsame bei Tier und Mensch zu sehen, und dieses Gemeinsame sprechen wir vollgültig an, wenn wir sagen: Auch die Tiere haben Anteil an der Subjektivität.

Sie haben Anteil an den Unterströmungen des sittlichen Lebens. Wollen wir zu definieren versuchen, was wir damit meinen, so können wir auf den Begriff der Intersubjektivität zurückgreifen. Es geht in der sittlichen Welt von der Basis her immer um eine geglückte oder eine mißglückte Intersubjektivität. Wenn wir sagen, auch das Tier habe eine «Seele», so meinen wir damit: Auch das Tier hat unabhängig von dem, was es objektiv ist, Anteil am Zeitlosen.

62.

Die Menschenwürde – eine zutiefst subjektive Wahrheit. – Wir stehen vor der Frage, ob wir uns mit der biologischen Perspektive, wie sie gültig ist ebenso für die Menschen wie für die Tiere, an der Menschenwürde vergreifen. Wie man weiß, ist dies im Zeichen des

Biologismus auch auf unheilvolle Weise geschehen. Um unsere Frage richtig zu verstehen, muß klargestellt werden: Alles, was man objektiv über den Menschen aussagen kann, kann man nicht als Argument einsetzen für eine nur dem Menschen eigene Würde.

Anders gesagt: Man kann im objektiven Sinne von der Menschheit sprechen, aber man kann nicht in diesem Sinne, nicht auf dem Weg über die Abstraktion von einer Menschenwürde sprechen. Die Ethik fragt nicht nach der Menschheit und nicht nach der Rasse und nicht nach der Gruppe, sie fragt nach dem Einzelnen. Es gibt keine andere Würde als die des Einzelnen. Hier geht es jenseits aller Objektivität um die Frage nach dem Sinn der Subjektivität.

Für diesen Sinn der Subjektivität ist keine Ordnungsmacht zuständig. Was immer man über das sehr vieldeutige Verhältnis von Staat und Politik zur Ethik, über die Frage nach einer Staatsmoral sagen mag, fällt in sich zusammen, wenn nicht dem jeweils eigenen Wertgefühl des Einzelnen – einem instinktnahen Wertgefühl – eine stillschweigende Anerkennung gesichert bleibt. Die mit Instinkt und Religion im weitesten Sinne immer verbundenen Wertgefühle sind Wertgefühle konservativer Art.

Der Sinn der Staatsräson in konservativer Sicht ist an zentraler Stelle da zu finden, wo es darum geht, den Einzelnen vor ideologisch orientierten Experimenten zu schützen durch Gesetze, die einen langen Atem haben, und die zunächst einmal, wo immer möglich, sich auf das Selbstverständliche stützen. Da, wo Menschen – als Opfer oder als Täter – am unmittelbarsten mit Wertgefühlen konfrontiert werden, im Strafrecht nämlich, ist der Sinn für den persönlichen Hintergrund, für den Hintergrund der Intersubjektivität, wie wir es nennen wollen, dieser Sinn, der jeden Fall zu einem persönlichen einmaligen Fall macht, unbedingt wichtiger als das Prinzip, das nur die Objektivität kennt. Es gibt keine Gerechtigkeit ohne Werturteile und keine Werturteile ohne sittlich fundierte, in der objektiven Welt nicht zu findende Verantwortlichkeit.

Gesetze müssen von jedermann verstanden werden. Außerhalb dessen, was sich gesetzlich sichern läßt, kann der Staat nicht Schiedsrichter sein in Fragen, in denen das Wertgefühl des Einzelnen seinen mindestnotwendigen Spielraum hat. Damit aber rückt auf eine radikale, ein Umdenken erfordernde Weise die Frage nach dem Bedeutungsgehalt der biologischen Perspektive in ein anderes Licht: Sie muß dem

Einzelnen vorbehalten bleiben. Die in der menschlichen Verfassung begründete Tatsache, daß es gute und schlechte Menschen gibt, darf nicht relativiert werden, aber sie bleibt in weitem Umfange eine Tatsache persönlicher Wertempfindungen. In diesem Bereich, in dem Geschmack und Urteil dem Einzelnen überlassen bleiben müssen, sind auch die biologisch faßbaren Qualitäten mitenthalten.

Da es sich hier aber um weitgehend erblich bestimmte Qualitäten handelt, wird sich immer wieder die Überlegung aufdrängen, hier durch züchterische Maßnahmen einzugreifen. Es liegt, wenn man sich freihält von allem, was die Ideologien dazu sagen, ganz offen zutage, daß hier einige unschlagbare Argumente für eine «Verbesserung» der Menschheit in biologischer Sicht ins Feld geführt werden können. Der entscheidende Punkt im Verhältnis der Ethik zur sogenannten Eugenik liegt aber gar nicht in der Frage nach dem Machbaren, sondern an anderer Stelle: Der Theorie nach könnte man Menschen züchten. Aber die Theorie fällt in sich zusammen, sobald es ernst wird mit der Frage, wer jemals, welche Instanz, welche Behörde jemals zuständig sein sollte für die Entscheidung über erwünschte oder unerwünschte Qualitäten.

Hier nämlich geht es um die Wertgefühle des Einzelnen, da hier, anders gesagt, kein konstruktives Denken zu einem Urteil verhelfen kann. Es gibt kein überindividuelles Zuchtziel, auf das man sich einigen könnte.

Vielmehr öffnet sich von der entgegengesetzten Seite, von seiten eben einer Ethik her, die sich konstruktiv, zweckbedingt nicht begründen und nicht durch Eingriff und Ordnung erzwingen läßt, die viel tiefere Einsicht in den wahren Freiraum der Ethik, den nur das persönliche Leben geben und offenhalten kann. Nur dem Einzelnen steht es zu, zu denken und zu sagen, was er unabhängig von allen Rechtsordnungen für gut ud schlecht hält. Wenn er im ethischen Sinne in dieser persönlichen Frage keine Meinung hat, fast könnte man sagen, keinen eigenen Sinn und Geschmack hat, dann ist er kein Einzelner. Zugleich aber muß er wissen, daß sein Sinn für Qualität, und daß damit die Keimschicht seiner jeweils eigenen Ethik, Schaden erleidet, wenn er nicht selbst, sondern wenn eine Organisation, die für die Macht und das Machenkönnen zuständig ist, statt seiner selbst sein Anliegen in die Hand nimmt. Auch dies aber gehört in den Bereich persönlicher Ethik: Jeder hat im Verhältnis zu Menschen, die er nicht leiden mag, das Recht, sich zu schließen, sich zu distanzieren, wenn es um die Wahrung seiner Identität, um das Sichabgrenzen im Unterschied zum Sichöffnen geht – dies immer aber nur, wenn er damit über den persönlichen Bereich nicht hinausgreift.

63.

Die Ethik des Selbstverständlichen. – Es bleibt ebenso wahr, daß jeder ein Kind seiner Zeit ist, wie es wahr bleibt, daß er seine eigene Identität nicht versteht, wenn er sich mit dem Zeitgeist identifiziert. Der Zeitgeist greift weit mehr, als wir uns dessen bewußt werden, auch in die Hintergründe unseres Daseins ein und will uns fortgesetzt suggerieren, was wir glauben und für wichtig halten sollen.

Habe den Mut, alles in Frage zu stellen, heißt die Botschaft der Aufklärung. Aber ein blinder Glaube an die Aufklärung ist selbst ein Glaube an den Zeitgeist. Der Botschaft fehlt die Schubkraft von hinten – aus dem Bereich der Einmaligkeit des Einzelnen. Dieser Bereich aber ist mit dem Zeitlosen verbunden.

Wenn an dieser verborgenen Stelle der Zustrom versagt, wenn ich nur etwas glaube, weil die anderen es glauben, erleidet die Ethik einen Grundschaden, der von außen her nicht heilbar ist. Glauben in zeitlosem Sinne heißt, als Einzelner etwas glauben. Die Subjektivität ist der Drehpunkt für alle Fragen nach Wert und Sinn, und der Aspekt, der hier sich öffnet, ist ein Aspekt totaler Überraschung: Ich soll an das «Selbstverständliche» glauben. Das Selbstverständliche ist im Kontrast zur Ideologie, so sagten wir, eben das, was man nicht mehr versteht, wenn man es nicht von selbst versteht. Jenseits jeder Erklärung ist hier die Stelle verborgen, wo mein Selbstverständnis und das Verständnis für die anderen in jeder Bedeutung des Mitseins und der Mitwelt sich ineinander öffnen.

64.

B a s a l e   E t h i k   v e r t r ä g t   s i c h   n i c h t   m i t   D i f f a m i e r u n g   d e r   I n s t i n k t e. – Wer vom Selbstverständlichen nichts versteht, ist glaubenslos in einem hintergründigen Sinne. Dies ist eine Aussage, mit der wir je nach der Perspektive, in der wir sie sehen wollen, ein religiöses oder ein instinkthaftes Verständigtsein dem Sinngehalt des Selbstverständlichen zurechnen.

Religionslos gewordene Menschen sind instinktlos gewordene Menschen – instinktlos an der Stelle, wo ihre Identität ihre Wurzeln hat. Was sie zerstören (mögen sie sich ausdenken, was sie wollen, und mögen sie noch so überzeugt sein, zu wissen, was sie eigentlich wollen), ist mit Hölderlins Worten das «Bleiben im Leben».

Es gibt ein selbstverständliches Sichselberfühlen, das sich dem Zugriff zumeist entzieht, das aber überall in letzter Instanz zuständig ist (man kann es den jeweils eigenen «Geschmack» nennen), wo immer die Menschen nach einem Warum fragen – zuständig für jede Wahl, die nur mit dem Sinn, und nicht mit einem Zweck verbunden ist.

Nehmen wir irgendeine konkrete Frage unter beliebig vielen: Warum heiraten die Menschen, wenn sie doch auch anderweitig die Lust an der Partnerschaft erleben können? Geht es hier um eine zweckmäßige Entscheidung im Sinne von Vernunft und Ordnungswillen? Wenn es nur darum geht, werden die Menschen immer wieder ausbrechen aus dem Überlieferten – mit der Folge jedoch, daß das, was sie mit Selbstverwirklichung meinen, auf Selbstbefriedigung hinausläuft. Was sie dann nicht verstehen, ist die hintergründige Selbstverständlichkeit, die zugleich eine natürliche wie sittliche Selbstverständlichkeit, zugleich ein natürliches wie ein sittliches Bedürfnis ist – ein Bedürfnis nach Partnerschaft, die ihrem Wesen nach angelegt ist auf «Lebensdauer» (bis daß der Tod uns trennt), das soll sagen auf Zeitlosigkeit. Warum wünschen die Menschen («von Natur», so darf man wohl sagen), die Frau sowohl wie der Mann, sich Kinder? Weil in aller Regel sie den Sinn des Lebens besser verstehen und erfahren, wenn sie Kinder haben – und diese Art, das Leben zu verstehen und zu erfahren, hat nichts mit dem Überbau unseres Verstandes zu tun. Über Zweckmäßigkeiten kann man sehr wohl diskutieren – wo es aber ernst wird um den einmaligen persönlichen Bereich, erweist jede Diskussion sich als eine armselige Ersatzkommunikation.

Warum brauchen die Menschen das, was man mit Heimat meint – in sehr weiter Bedeutung meinen kann? Weil hier das Selbstgefühl und die Ordnungen des Zusammenlebens sich zwanglos zusammenfügen. «Wir wollen bleiben, was wir sind» – ohne dieses notwendige Gegengewicht gegen das Übermaß dessen, was die Menschen sich ausdenken (wozu sie allerdings sowieso immer gezwungen sind), wird alles zum Geschwätz, was immer sie meinen, wenn sie von der Zukunft sprechen, ohne die Generationenfrage im Blickfeld zu haben. Die uns vertraute Landschaft, die uns vertrauten Gesichter sagen uns immer noch, immer wieder an erster Stelle, was wir selber sind.

Das Übergewicht ideologischer Konfrontationen in unserem und dem vorhergegangenen Jahrhundert hat uns den Blick für die Nahbereiche verdorben. Die Ideensucht hat den physiognomischen Instinkt zerstört. Die Politiker jedenfalls haben es weithin verlernt, den Unterschied zu spüren zwischen den instinktnahen Anliegen der Menschen und den Formulierungen dieser Anliegen in der fast immer unzulänglichen Sprache des Zeitgeistes. Nicht die großen, sondern die kleinen Nationen haben es am ehesten noch verstanden, was seinerzeit in Dänemark von Grundtvig in die Worte gefaßt wurde: «Nationale Fragen sind Fragen der Identität, nicht der Macht.»

65.

Größe und Elend der abendländischen Identität: Aus Spannung wird Spaltung. – Subjektivität ist vieles andere als nur ein Sichselbertreubleiben. Aber ohne diesen

Grundgedanken der Treuer verliert die Subjektivität den Zusammenhang mit den Lebensordnungen der Völker. Das Abendland ist sich nicht selber treu geblieben. Von den ersten Anfängen her war die Wegrichtung vorgezeichnet zu einem profilierten Individualismus, so wie ihn kein anderer Zweig der Menschheit kennt. Die Geschichte des Abendlandes ist beinahe gleichbedeutend mit der Geschichte des Individualismus.

Aber wir haben moralische Bedenken bekommen und haben dabei die Orientierung verloren. Der Sinn, der darin liegt, ein Einzelner zu sein (aber kein Egoist), ist weithin verschüttet. Zurückgeblieben ist ein Allgemeinbewußtsein, das den allerplattesten Egoismus verbindet mit einer Vorstellung von «Ichstärke» und von Tüchtigkeit, die immer mehr gleichbedeutend geworden ist mit Geschäftstüchtigkeit.

Auf diesem Wege hat das Abendland sein Profil verloren, das Profil des eigenwilligen Selbstseins, das doch so deutlich schon vorgezeichnet war in den ältesten abendländischen Überlieferungen. Der Archetypus des Helden als des Einzelnen, der ebenso weit entfernt bleibt von Allgemeinideen wie von feiger Berechnung, kommt gewiß zwar mit verschiedener Akzentsetzung auch im Sagengut anderer Völker und Rassen vor, aber selten anderswo mit so souveräner Persönlichkeit wie bei Homer, wie bei den Kelten, wie bei den Germanen und am deutlichsten ausgeprägt in den Sagas der Wikingerzeit.

Den ersten Höhepunkt eines hochdifferenzierten Individualismus – dem in vergleichbarer Weise vielleicht nur viel später, in der Goethezeit, ein ähnlicher Höhepunkt folgte – erreichte das abendländische Weltverständnis im antiken Griechenland. Hier (wie dann erst wieder in dem goldenen Zeitalter des Geisteslebens, das wir die Goethezeit nennen dürfen) verwirklichte sich jene Einheit von Individualität und Ethik, die dem, was wir Abendland nennen, das wesenseigene Gesicht gegeben hat.

Im Mittelalter vollzog sich dann mit der Christianisierung eine Hinwendung des abendländischen Individualismus in Richtung auf einen anderen Archetypus, den des Heiligen, und (weitausholend) in Richtung auf die Innerlichkeit. Es zeichnete sich ein Spaltsymptom ab, das in dieser Weise nun wiederum sehr bezeichnend ist für die abendländische Mentalität: Innerlichkeit und Äußerlichkeit (Weltlichkeit) treten so weit auseinander, verstärken sich geradezu bei dieser Spaltung, wie nirgends anderswo.

Diese Spaltung liegt durchaus in der Richtung des allzu spannungsreichen (und damit problematischen) abendländischen Individualismus. Die Einheit von Individualität und Ethik ging trotzdem nicht verloren, die Spannung wurde über Jahrhunderte hin ausgehalten. Großartige Beispiele der ausgehaltenen Spannung sind jene Schöpfungen der Kunst, die das Abendland aufzuweisen hat: der Dombau und die Kirchenmusik. Sie sind beispielhaft für den herrlichen Bogen, der ehedem Kultur und Ethik des Abendlandes überspannt hat – dies durchaus vor dem Hintergrund souveräner Persönlichkeit.

Beispielhaft auf andere Art sind auch jene Traditionen, die das Zusammenleben der Menschen in England heute noch weithin prägen – beispielhaft in diesem Falle durch die Zwanglosigkeit, mit der Ethik und Individualismus (im Respekt vor dem Einzelnen am deutlichsten sich bekundend) sich hier verbinden. Hier lebt immer noch am besten erkennbar etwas von jener sehr schlichten (im Selbstverständlichen beruhenden) Moral weiter, die keiner Prinzipien bedarf und die allein dadurch immer wieder zur Fairneß einer wohltemperierten psychischen Verfassung zurückführt.

66.

Die diffamierte Innerlichkeit. – Der Wendung des Individualismus nach innen (eines der Leitsymptome des abendländischen Mittelalters) folgte jene radikale Wendung der abendländischen Mentalität nach außen, die mit den Idealen der Aufklärung verbunden ist. Zunächst bedeutete dies soviel wie einen neuen, unabsehbar weiten Landgewinn für die abendländische Mentalität: Der Glaube an die freie Persönlichkeit wurde zum Kern der neuen Ethik.

Wir nannten die Goethezeit als jene Zeit, in der die Ausstrahlungskraft des abendländischen Individualismus noch einmal und souverän wie nie zuvor sich den Menschen jener Zeit mitteilte, soweit sie (dies hinzuzufügen ist notwendig) das Privileg hatten, an der Kultur und Bildung jener Zeit teilzunehmen (was in gleicher Weise auch für die antike Welt gegolten hat). Es war kein engbegrenztes Privileg, wohl aber war es nicht mehr unmittelbar verbunden mit der Religion des Volkes, sondern auf neue und besondere Weise mit einem neugewonnenen Begriff bürgerlicher Bildung. Der abendländische Individualismus stellt seitdem sich dar als einer der Gebildeten. Keineswegs bedeutete dies einen Mangel an festverwurzelter sittlicher Kraft.

Dies jedenfalls war die Grundlage bürgerlicher Kultur. Was dann aber folgte, Hand in Hand gehend mit der Industrialisierung und der Hektik der Gründerjahre, war eine kaum faßbare Niveausenkung des aufgeklärten Denkens in Richtung auf eine gewissenlose, fast mag man sagen ruchlose Extraversion und Progression. Den sittlichen Selbstverständlichkeiten wurde im Zeichen solcher Hektik der Boden unter den Füßen weggezogen. Heute sind wir dahingekommen, daß man die Innerlichkeit geradezu diffamiert und damit das eigentliche Triebwerk autonomen Denkens, das selbständige Gewissen, außer Funktion setzt.

Es darf nicht vergessen werden, daß in unserer Zeit dann das brutalste Attentat gegen das selbständige Gewissen in Deutschland verübt wurde unter der Regie eines rachsüchtigen Despoten. Es konnte sich zwangsläufig nur um eine kurzlebige, wenn auch beispiellos katastrophale Episode handeln, weil man mit einer so total demoralisierenden Macht keine langlebigen Ordnungen schaffen kann. Die Rachsucht kam nun aber von der ideologischen Gegenseite her ins Spiel, indem man die deutsche Art der Innerlichkeit (mit ihren romantischen Untertönen) diffamieren wollte als mitverantwortlich für die Katastrophe. Man muß hier Vorurteile zurechtrücken: Nicht romantischer Innerlichkeit, wie man uns nach dem Krieg belehren wollte, sondern einer Art von Ideensüchtigkeit ist deutsches Fehlverhalten im politischen Bereich zuzusprechen.

Was nach Hitler kam und wieder zuerst und direkt in dem nun endgültig aus dem Gleichgewicht der Selbstwertgefühle geratenen Deutschland ins Werk gesetzt wurde, war ein Attentat gegen die Identität des Abendlandes von der absolut entgegengesetzten Seite her unter den Prämissen demokratischer Politik. Es gibt kein selbständiges Gewissen, so mußte man es nun verstehen, es gibt nur ein soziales Gewissen. Der Sozialismus als Inbegriff der Sittlichkeit (als Auftrag, die Gesellschaft zu verändern) – mit dieser Ideologie aus zweiter Hand (aus zweiter Hand im Vergleich zur christlichen Ethik, die eine unmittelbare Ethik ist) hat man der ursprünglichen, der großartigen Konzeption der Aufklärung (mit der Mündigkeit als Idealvorstellung) den Zustrom aus dem persönlichen Leben, aus der sittlichen Kraft persönlicher Lebens- und Sinndeutung entzogen. Moralistische Lügenhaftigkeit auf der einen Seite, Schülerhaftigkeit auf der andern sind die Symptome einer Aufklärung, die an Selbstvergiftung krank geworden ist. Die Generation nach den Jahren der Katastrophe war, ohne es zu empfinden, schülerhafter, als es frühere Generationen jemals waren. Immer weiter aber wächst in gegenwärtiger Zeit die Zahl der Menschen, die nur das sehen und hören und lesen und meinen, was alle sehen, hören, lesen, meinen.

Es gibt keine andere Möglichkeit sich zu wehren gegen das Ausfließen aller sittlichen Begriffe, als festzuhalten am Erstgeburtsrecht des Einzelnen. Der Sozialismus als Forderung nach Ausgleich hat soviel Vernunft in sich, daß er aus dem politischen Leben nicht mehr wegzudenken ist. Aber das, was der Einzelne selbst aus seinem Leben macht, hat in jedem Falle mehr Bedeutung und Leuchtkraft als alles, was die Gesellschaft aus ihm machen kann. Mag er es für wichtig oder für unwichtig halten, ob er seine Rolle gut spielt – wenn er sich aber mit seiner Rolle und mit dem Geist seiner Zeit verwechselt, hat er sich mißverstanden und das, was er zu sein meint, sich von anderen aufschwatzen lassen.

Schritt vor Schritt haben die Menschen unserer Zeit etwas von dem Terrain preisgegeben, in dem die Selbstverantwortung ihre Wurzeln hat. Diese allein aber ist es, die dem Abendland vom

Ursprung her seine Gestaltungskraft gegeben hat. Souveräne Männer und Frauen hat es hier gegeben, lange bevor man den Begriff der Emanzipation kannte. Vorzüglich kam dies zum Ausdruck in der souveränen Stellung der Frau in der Vorgeschichte und Frühgeschichte der abendländischen Völker, bei Kelten und Germanen – hier sind die Wurzeln des Individualismus, den man heute neu entdeckt zu haben meint.

Im Zuge extremer Extraversion hat man alles vergessen und verdrängt, was noch weit hinter dem Begriff der Persönlichkeit steht und immer gestanden hat, was auch noch hinter dem steht, was hier mit dem Erstgeburtsrecht des Einzelnen gemeint ist: das Erstgeburtsrecht der Subjektivität.

Angesichts einer alle Tiefen überspringenden Extraversion und Vielgeschäftigkeit ist es allerletzte Zeit, an Kierkegaards Worte zu denken: Die ganze europäische Verwirrung, so schreibt er, könne nicht aufgehalten werden außer durch Religiosität, «denn in politischen Bewegungen ist Wirbel, weil sie den festen Punkt voraus haben wollen, während der einzige eigentliche feste Punkt hinten liegt.»

67.

Enthemmte Extraversion. – Was ist noch zu retten vom Ethos der abendländischen Individualität – das ist die Frage, auf die wir immer wieder zurückkommen. Daß es hier um Werte geht, die offensichtlich von totalem Verlust bedroht sind, daß die abendländischen Völker selbst es sind, die an erster Stelle heute die bedrohten Völker sind, darf nicht länger mehr verschwiegen werden. Wenn wir von den Werten sprechen wollen, die damit bedroht sind, so wäre besonders zu nennen jene Zuverlässigkeit, die zur abendländischen Mentalität gehört und die mit der profilierten Persönlichkeit des sich verantwortlich fühlenden Menschen zusammenhängt. Beides ist, wie bereits bemerkt, verbunden mit dem abendländischen Zeitbewußtsein, das ja schon innerhalb Europas ein sehr deutliches Nordsüdgefälle aufweist. Dieses Zeitbewußtsein geht einher mit der Sorge und Vorsorge, mit der Verantwortlichkeit für gestern, heute und morgen, und mit den festen Gehalten einer persönlichen Lebensführung.

Wir müssen uns fragen, ob nicht darin das Elend liegt, daß man die abendländische Individualität unter dem Markenzeichen Demokratie zum Exportartikel gemacht hat, daß man den liberalen Gedanken überall verkauft wie Schnittblumen ohne Wurzeln. Was man mit Eifer aller Welt verkünden will, ist, näher besehen, ein entarteter Individualismus. Was schließlich meist allein noch dahintersteht, ist die Schubkraft manischer Vielgeschäftigkeit – eine wichtig-dumme Extraversion auf der trivialen Ebene fortgesetzter Kundgebungen und Veranstaltungen. Mit zunehmender Bevölkerungsdichte hat diese Extraversion das Gesicht Europas und Nordamerikas so entstellt, daß niemand mehr zur Besinnung und Stille zurückfindet. In den Bereichen brutaler Selbstbehauptung im politischen und im Geschäftsleben geht diese Extraversion auf beschämende Weise einher mit Virilismus, Aggression und Lärmentfaltung.

Wenn man mit dem Schlagwort Rassismus eine derart aggressive Geisteshaltung meint, dann hat man insoweit den amoralischen Aspekt antiliberaler Tendenzen richtig gekennzeichnet. Die Mißverständnisse aber kommen dann von der anderen Seite her. Es kommt dann dahin, daß dem Bedürfnis nach Abgrenzung und Identität das schlechte Gewissen zugeschoben wird, und daß die lebenswahre Physiognomie und Mentalität der verschiedenen Völker und Rassen (zum Glück sind sie so verschieden wie sie lebenswahr sind) erst recht mißverstanden und entstellt werden.

Der abendländische Individualismus, das abendländische Persönlichkeitsgefühl hat zwei Voraussetzungen, wenn die ethische Basis tragfähig bleiben soll. Dies ist die eine: Der Gedanke des Bewahrens, die konservative (im Kontrast zur aggressiven) Gesinnung muß aus sich selbst heraus genug Rückhalt und Kraft haben, um missionarischen Vergewaltigungs- und Beglükkungsideen widerstehen zu können. Das andere ethische Problem liegt darin, daß der tiefe und weite Hintergrund des Identitätsbedürfnisses nicht aus dem Blickfeld verloren wird. Dieses Bedürfnis ist als solches nicht eine Erfindung des Abendländers. Aber die überall verschiedene Ausprägung des Ichbewußtseins ist es, die die Gesichter der Völker und Menschen voneinander unterscheidet.

Um uns vor abendländischer Arroganz zu bewahren, sollte uns ein Blick genügen auf einen ganz anderen Bereich unter den Hochkulturen der Menschheit, auf den fernöstlichen Bereich. Eine beglückende Gabe des Integrationsvermögens, ein geschmeidiges und gefügiges Verständnis für die Wechselwirkungen, die Beziehungen aller Menschen und Dinge zu allen anderen Menschen und Dingen kommt hier in einem instinktsicheren Verhalten (wir nennen es Takt), aber auch schon in der Physiognomie der Menschen zum Ausdruck. Zuversichtlich können wir annehmen, daß selbst eine so massive, in diesem Jahrhundert erlittene Infektion durch konstruktiv-abendländisches, in diesem Falle marxistisches Gedankengut die Balancefähigkeit dieser fernöstlichen Menschen nicht auf die Dauer lähmen kann.

Blickt man tief genug hindurch durch die Dimensionen menschlichen Denkens, dann entdeckt man in den Bereichen ostasiatischer Weisheit in der Tat auch den Einzelnen wieder, der als Einzelner aber in das Gesamtgefüge des Lebens vom Hintergrund her so integriert werden kann, wie die Lehre vom Tao es uns sagen will. Das Tao verweist den Menschen auf «das geradeaus gehende Herz», verweist ihn, mit Laotses Worten auf das, was hinter dem Verstand liegt, der, wenn man ihn isoliert, das Leben mit Vernichtung bedroht. Am tiefsinnigsten hat es der andere berühmte Taoist, Dschwang-Dse, ausgesprochen: «Erst, wenn ein wahrer Mensch erscheint, wird es auch ein wahres Wissen geben.»

68.

Die Sinne täuschen nicht – der Verstand täuscht. – Vielleicht versteht man vor diesem Hintergrund besser sowohl die besondere Kraft (Gestaltungskraft) wie die besondere Gefahr des Individualismus abendländischer Prägung. Hier ist das Ichbewußtsein so weit vorgetrieben, so weit entfernt vom naiven Leben (die stark profilierten Gesichter der Menschen sagen es schon), daß die Ichproblematik (mit der der Ostasiate soviel leichter fertig wird) nicht mehr zur Ruhe kommt. Die basale Individualität wird im europäischen Norden überlagert von der reflektierten Individualität. Hier genau aber ist die Stelle, wo der Bogen zu brechen droht – und mit einer überhandnehmenden Extraversion auch zerbricht. Der Abendländer, heute als Ausbeuter verleumdet, hat der übrigen Welt viel eindeutig Gutes gebracht, wo immer er seine ehrliche Eigenständigkeit zum Einsatz gebracht hat. Er hat es nicht nötig, ein schlechtes Gewissen sich aufreden zu lassen, er ist im trivialen Sinne des Wortes gewiß nicht egoistischer als die anderen Völker, er steht ebenso zwischen Gut und Böse wie die Menschen überall. Aber er hat den anderen auch Unheil gebracht, und man darf es wagen, dieses Unheil mit einem Wort zu bezeichnen: Er hat den Spaltungsbazillus in die Welt gebracht.

Vergleichbar mit der Transplantation von fremdem Gewebe hat man den anderen Rassen und Völkern dem abendländischen Gedankengut entnommene Ideen eingepflanzt, die aber nur auf solche Weise akzeptiert und inkorporiert werden konnten, daß vorher durch eben jenen Spaltungsbazillus die natürlichen Abwehrkräfte gelähmt wurden – und dies besagt in Hinblick auf die sogenannten Naturvölker, daß die Basis des sittlichen Weltverstehens durch das fremde Gedankengut geschädigt wurde.

Bemerkenswert und beachtenswert ist es, daß hinter aller Verwahrlosung (von der die Völker Europas und Nordamerikas inzwischen selbst am schlimmsten betroffen wurden) ein Prinzip steht, das mit Gut und Böse unmittelbar nichts zu tun hat. Dieses Prinzip läßt sich bezeichnen mit den Worten: Indem wir denken, dualisieren wir die Welt und alles, was darin ist, fallen wir heraus aus dem durch Denken nicht zu fassenden Zusammenhang aller Wirklichkeiten und Wahrheiten.

Der Mensch (der ohne Denken und folglich ohne Dualisierungen nicht existieren kann) kann gleichwohl mit diesem Spaltsymptom der

Dualisierungen fertig werden, er muß und kann damit leben – aber nur, solange der Hintergrund des Selbstverständlichen (Religion und Sitte gehören zu diesem Hintergrund) nicht zerstört ist. Der Abendländer aber hat sich auf seine besondere, auf fatale Weise als anfällig erwiesen gegen die Rechthaberei des konsequenten Denkens – und er hat unabsehbar viel dabei gewonnen (im Sinne der Weltbeherrschung, so wie er sich das vorstellt), aber er hat die Spaltung mit System und List so vertieft, daß sein Ichbewußtsein an der allerempfindlichsten Stelle, die wir die lebendige Mitte nennen, auseinanderzubrechen droht.

Die Stelle läßt sich vielleicht noch genauer bezeichnen: Sie ist da, wo das Ich durch die Alternative von Extraversion (Veräußerlichung) und Introversion (Verinnerlichung) auseinandergerissen wird. Sie ist da, wo das Sachlichsein und das Persönlichsein in Gegensatz zueinander geraten. Der Bruch hat schließlich die schreckliche Folge, daß niemand mehr persönlich zu sein wagt und daß damit die Ethik (die Ethik der Wahrhaftigkeit, was durchaus etwas anderes ist, als der missionarische Drang nach Wahrheitsfindung und Wahrheitsverkündigung) kollabiert.

Aus persönlicher Ethik wird ausgedachte

Ethik, und im weiteren Prozeß wird daraus eine bürokratisierte (verwaltete) Ethik.

Versuchen wir, noch tiefer zu greifen, so geraten wir auf den Quellgrund unseres Lebens, des sinnlichen Lebens nämlich, dessen Zusammenhang mit dem Sinn des Lebens (als eines sinnlich-sittlichen Lebens, so wie es Goethe sagt) das Abendland auf Grund seiner aggressiven Dualisierungsmanie auf so desperate Weise mißverstanden hat, daß die Menschen es nicht mehr spüren, daß sie mit jedem Schritt des Denkens an Fortschritt und Wachstum mit der Sinnlichkeit immer weniger zurechtkommen. Damit aber ist die Verwahrlosung abendländischen Denkens am deutlichsten bezeichnet, daß Sinnlichkeit und Lebenssinn und Sittlichkeit nicht mehr zueinanderfinden.

Ein paar einfache Sätze, sachlich-nüchterne Sätze im Zusammenhang unserer Überlegungen, können die Fehlwege unserer Mentalität durch den Bluff herzloser Axiome verdeutlichen: Unsere Sinne täuschen uns, der Verstand korrigiert die Irrtümer, so haben wir es bei uns im Abendland gelernt. Hier ist die Stelle, wo wir uns anders besinnen müssen und uns von Goethe sagen lassen müssen: Unser Verstand täuscht uns, und nur unsere Sinne können unsere Irrtümer korrigieren. Diesen Satz brauchen wir, um die Weichen anders zu stellen als wir gewöhnt sind, und von dieser Weichenstellung hängt es ab, ob wir aus unserer sinnlich-sittlichen Verwahrlosung wieder einen offenen Ausgang finden.

Der Verstand fragt nach dem, was gemessen werden kann, aber nur auf dem Weg über das Sinnliche offenbart sich das Bedeutsame. Die sinnlichen Wahrheiten erweisen sich zugleich dann allerdings auch schon als mystische Wahrheiten. Alles hängt hier ab vom Licheinfall. Das Wesen der Ethik und gleicherweise das Wesen der Religion ist, so sagt es Eckehart, «das freie Hindurchschauen».

69.

Die abendländische Botschaft vom Einzelnen. – In der betriebsamen, hektischen Extraversion, die unserer Zeit das Gepräge gibt, steckt (oftmals oder immer?) etwas von verheimlichter Verzweiflung. Die Menschen scheuen die Innerlichkeit, weil ihnen die Gabe des «freien Hindurchschauens» verloren gegangen ist. Ihr gespaltenes Ichbewußtsein hat sie friedlos gemacht.

Wie in geheimer Verabredung spricht man nicht mehr über die Hintergründe, über Gott und den Tod. Man ist froh, den Geistlichen zu haben, der sich so etwas von Berufs wegen erlauben darf und soll.

Noch heimatloser, so ist aber zu befürchten, werden die Menschen werden, wenn sie in ihrer Desorientierung europafremden Wegen zur Innerlichkeit sich zuwenden. Die Religion wird durch Hysterie (dieses Symptom verkrampfter Extraversion) verfälscht. Schamlose Ekstasen und Bekundungen treffen das abendländische Ichbewußtsein, das von der Keimschicht her ein keusches Ichbewußtsein ist, an der Stelle, wo es am allersensibelsten ist. Hier nämlich geht es um etwas Seltenes und Kostbares im Hintergrund der abendländischen Ichbewußtheit. Viel Verworrenheit und Verwahrlosung im Bereich der Schamgefühle in der gegenwärtigen Welt haben etwas zu tun mit spezifischen Fehlbildungen der abendländischen Mentalität. Dies ist die Stelle, wo der Schaden am sichtbarsten wird: Es geht das empfindsame Wissen verloren, ein Einzelner zu sein, die zuinnerst vornehme Scheu, sich zu entblößen und dabei die Mittelachse des Selbstseins zu verletzen. Ohne diese Scheu vor den Ekstasen ist der Abendländer nicht mehr das, was er war, sie hat ihm, wo immer man ihm die Scham nicht ausredet, stets wieder geholfen, nicht nur er selbst zu bleiben, sondern auch einen unersetzlichen Beitrag zu geben zur Verwirklichung menschlicher Möglichkeiten in Abwehr gegen depersonalisierende Verzerrungen menschlicher Problematik.

Das Abendland hat eine Botschaft für alle, die sie verstehen wollen, eine Botschaft, die über das naive Lebensgefühl, das wir nicht zurückholen können, hinausweist. Wir haben sie im Gange unserer Überlegungen so einfach wie möglich formuliert: Nur der Einzelne kann den anderen Einzelnen erkennen. Ein Einzelner zu sein, ist die entscheidende Voraussetzung für die Bewahrung einer unversehrten ethischen Substanz, die gleichbedeutend ist mit unversehrter Subjektivität. Nicht menschengemachte Ideale und Lehren, ganz zu schweigen von Heilslehren, sind wichtig. Nicht Fragen der Lebensdauer sind wichtig. Daß die Subjektivität, daß der Mut zur Subjektivität nicht verleugnet wird, ist wichtig. Im Selbstsein der Menschen finden wir das wahre Abendland, angefangen von den Ursprüngen seiner Kultur im Heldenzeitalter bis hin zu dem Individualbewußtsein der Goethezeit und in der weiteren Zeitfolge dann zu dem problematischen Ichbewußtsein (problematisch angesichts der Forderung nach Wahrhaftigkeit) Kierkegaards und Nietzsches. Das Selbstsein ist das Adelszeichen abendländischer Kultur, viel Beschämendes in der Geschichte des Abendlandes wird durch die Ethik des Selbstseins gut gemacht. Um den Kerngedanken auf die einfachste Weise zu treffen, dürfen wir uns auf Goethe berufen:

«Ursprünglich eigenen Sinn laß dir nicht rauben.

Woran die Menge glaubt, ist leicht zu glauben.»

70.

Die Ideologen, soweit sie gutgläubig sind, kennen die Menschen nicht. – Die übersteigerte Extraversion, die mit allem Eifer, aller Unruhe, aller Ungeduld ins Werk gesetzte Wendung nach außen hat den Abendländer (und alle Menschen, die sein Missionskonzept übernehmen wollten) zu einem grotesken Fehlgriff verleitet: Es ist von der Ethik nichts übriggeblieben als der Sozialismus, der in Wahrheit zum innersten Wesen der Ethik keine unverfälschten Beziehungen hat. Sozialismus statt

Ethik des Selbstseins – das ist das große Mißverständnis.

Auf unglückliche Weise hat der Abendländer auch die christliche Ethik, die in Wahrheit den Einzelnen meint wie keine ander Ethik und durchaus nicht die Gesellschaft, in den Kreislauf der Mißverständnisse hineingezogen. Das Pferd wurde von der falschen Seite aufgezäumt. Will man dem Sozialismus gerecht werden, so muß man ihn von der Pragmatik her nehmen. Ohne ausgleichenden Sozialismus kann das Zusammenleben der Menschen nicht funktionieren. Der Sozialismus als Idee aber ist ein Attentat gegen die Individualität. Die Komplikationen im Zusammenleben der Menschen werden auf stupide Weise auf die Herrschaftsverhältnisse reduziert.

Der Blick wird fixiert auf die Einteilung der Menschen in Privilegierte und Unterprivilegierte, und selbstverständlich erfährt man damit etwas Wesentliches über die Chancen, die jedermann hat, soweit es sich um Chancen handelt, die mit den – höchst unsicheren – Begriffen von Glück und Erfolg sich fassen lassen. In der Tat aber kann hier immer nur die Rede sein von dem, was man vorweg als das Glück und – noch fragwürdiger – als den Erfolg für jedermann sich ausgedacht hat. Der Drang nach Extraversion hat die Menschen dazu überredet, daß eben das, was die anderen mit Glück und Erfolg meinen, auch für sie das gültige Glück und der gültige Erfolg sein müßte. Dieser Formel gemäß, die nach dem kleinsten gemeinsamen Nenner, aber nicht nach Eigenart und Eigensinn der Menschen fragt, werden die Menschen gefüttert – und sehr bald überfüttert – mit den Produkten der großen Glücksfabrik, als die von dieser Sicht her das moderne Leben sich darstellt.

Eine allen gemeinsame Art des Weltverstehens, ausgehend von den allen gemeinsamen Bedürfnissen (aber nur diese erfassend), eine amputierte Art von Glück soll das Leid in der Welt zum Schweigen bringen. Feige zu sein und gierig zu sein, rückt in den Wohlstandsländern automatisch an die erste Stelle aller Menschenrechte des mündigen Bürgers.

Von der einen Partei wird angeklagt, von der anderen wird sanktioniert, was allerdings menscheneigen, alltäglich und allgegenwärtig ist, wo immer von außen her Menschen in Beziehung zueinander treten: die Neigung, sich ausbeuterisch, und die konträre Neigung, sich parasitär zu verhalten. Weil diese beiden Neigungen, die unausrottbar zur zweiten Natur des Menschen gehören, trotz aller Emanzipation ein schlechtes Gewissen hinter sich haben, weil brutales Anspruchsdenken und heimliche Mißgunst und Rachsucht sich überall in die besten Motive einmischen, wird Zug um Zug die Politik der Lüge ausgeliefert. Es endet damit – wenn es sich um demokratische Verfassungen handelt, mit anderen Worten um notwendige Ordnungen, die die Menschen vor der Brutalität totaler Macht schützen –, daß die Kontrahenten sich hinter vorgehaltener Hand auf die radikal niveaulose (amoralische) Formel einigen: Der Wirklichkeitssinn besteht darin, am Fortschritt teilzuhaben. Erfolg besteht darin, möglichst viel vorweisen zu können von dem, was die Zeitgenossen sich unter Erfolg vorstellen. Tüchtigkeit besteht darin, geschäftstüchtig zu sein – unter Mißbrauch des Wortes tüchtig, das vom Ursprung her soviel bedeuten sollte wie Tauglichkeit und Tugend.

Keine dieser Formulierungen ist unwahr, keine jedenfalls wirklichkeitsfremd. Sie finden alle einen zuverlässigen Rückhalt im gesunden Menschenverstand. Aber das gleiche gilt in dieser Weise ja auch für das, was unmittelbar angrenzt an diese Art von Wirklichkeitssinn, für die Feigheit nämlich und für die Gier der Menschen. Niemand hat jemals genug, jedermann will mehr als genug haben. Der gesunde Menschenverstand gibt dieser Anspruchsmentalität fast unbegrenzten Kredit, obwohl sie in höchst fragwürdiger Weise eben doch wohl in der Luft hängt (wie alle Erfolgs- und Glücksrezepte) zwischen kreatürlichem Egoismus und entarteter Ichbewußtheit (ich will haben, was die anderen haben, weil die anderen es haben). Sagen wir ruhig: In der Luft bleibt alles hängen, was immer auch religionslos gewordene Menschen sich ausdenken. Was nämlich unter der einseitigen Herrschaft extravertierten (objektivierenden) Denkens nirgends mehr verstanden wird, ist eben dies, daß die Wirklichkeit, so wie sie dem fortschrittlich Denkenden sich darstellt, zwar keine unwahre, aber eine amputierte Wirklichkeit und Wahrheit Ist. Sie ist ein Produkt vorausgegangener Weltspaltung. Man hat die Subjektivität, und das besagt, man hat alles, was jeder für sich selbst klären und werten muß, amputiert, und behält folglich nur das zurück, was man sich ausgedacht hat. Das Ausgedachte aber ist immer (ist immer nur) das Allgemeine, nie das Individuelle.

Man schwört auf die Freiheit und Menschenwürde, aber man macht sie abhängig von den

Spielregeln. Wer den Spielregeln extravertierter Denkweise nicht folgt, steht machtlos und wehrlos außerhalb dessen, was man als die vereinbarte Wirklichkeit bezeichnen kann.

Es bleibt nur zu fragen, ob es immer schon so war, oder ob der introvertierte Mensch heute wehrlos auf andere Weise und wehrlos wie nie zuvor der Diktatur einer ihm fremden Mentalität unterworfen ist. Von seinen Zeitgenossen erfährt er nur dieses, daß er weltfremd ist. Was damit gemeint ist, kann aber auch bedeuten: Er ist allzu weltoffen, sofern wir mit der Welt die ungeteilte – und nicht die vereinbarte – Welt und Wirklichkeit meinen. Der offenherzige Mensch versteht von «der Wahrheit» nicht mehr und nicht weniger als die anderen, aber er ist wahrhaftiger als die anderen.

71.

Weibliches Denken als notwendige Korrektur. – Wo finden wir das Bild des souveränen Menschen wieder, von dem das Abendland immerzu geträumt hat? Wie ein Wiedergänger aus vorchristlicher Zeit erscheint er bei Friedrich Nietzsche und verfolgt ihn bis in den Wahnsinn hinein. alle Empfindlichkeiten, alle

Schmerzen dieses Denkers haben ihren Grund in den Lügen, die in seinem Jahrhundert das Menschenbild verdorben haben.

Auf dem Weg über den Geniekult jedenfalls, der um die Jahrhundertwende die Denker und Künstler bewegt hat, wurde das wahre Bild nicht gefunden. Die Weichen waren falsch gestellt.

Zu einem wichtigen Anteil ist es der Frauenbewegung zu verdanken, wenn die Mißverständnisse auf längere Sicht nicht verborgen bleiben konnten. Man hat die souveräne Männlichkeit bewundert und hat die souveräne Frau vergessen. Man hat vergessen, daß in den ältesten Überlieferungen das Menschenbild nicht einseitig deformiert war durch das Pathos männlicher Ellenbogenstärke. Am ursprünglichen Selbstbewußtsein hatten Mann wie Frau in gleicher Weise teil.

Die Hypertrophie männlichen Imponiergehabes hat dem Europäer ein ihm ursprünglich durchaus nicht wesenseigenes Gesicht gegeben. Daß er auf diesem Wege nicht zu sich selber kommt, daß seine ethischen Begriffe Schlagseite haben, ist in zwei großen Dichterwerken zum Ausdruck gebracht worden, die dann aber immer wieder doch nur halb verstanden wurden, obwohl sie die Problematik des Europäers der

Neuzeit behandelt haben – nicht aus fremder, sondern aus allereigenster Sicht, aus der Sicht von Dichtern, die selber repräsentativ sind für die abendländische Problematik, die C. G. Jung mit dem Begriff der Individuation bezeichnet hat. Gemeint sind die Faustdichtung Goethes und das Peer-Gynt-Drama Ibsens. ‹Peer Gynt› ist (ungeachtet der Schwächen dieses Dramas, das die Einbildungskraft überfordert) ein wiedergeborener, einer anderen Zeit und Region zugehörender Faust. Unaufhörlich auf Irrfahrt, unaufhörlich auf der Suche nach dem wahren Selbst, nach der Ethik des Selbstseins findet er am Ende kein tieferes Wissen als dieses, daß der Mann sich niemals wahrhaft versteht, wenn er nicht die Bedeutung der Frau versteht. «Der wird fromm, der Dich sieht», dies waren Peers Worte, als er in seiner Jugend zum ersten Mal «seine» Solveig erblickt hatte. Dies sind vielleicht die schönsten Worte, die ein Mann finden kann im Augenblick, in dem er das entdeckt, was für ihn das Wesen der Frau bedeutet. In der abendländischen Tradition wird der gleiche Gedanke in ausgereifter Form von Goethe zum Ausdruck gebracht, indem er die Frau als die «lebendigste Erziehungsmacht des Menschen» anspricht.

Dieser Weg zurück zu einer Individualität, die

unendlich weiter ausholt als das extravertierte Weltverständnis und die dazugehörigen Aktivitäten, wird aber auch schon wieder verfehlt, wenn von seiten der Frauen die virilen Vorstellungen von Erfolg und Glück, die den Individualismus zum Egoismus entarten lassen, kopiert werden. Es gilt weiter zurückzutreten in der Frage der Selbstverwirklichung. Alles wird falsch verstanden, wenn mit diesem Begriff keine andere Perspektive sich öffnet als die des progressiven Denkens. Man muß tiefer loten, wenn man etwas verstehen will von dem Leid und dem Glück, das einem selbst zugehört und nicht dem Zeitgeist. Was die Zeitgenossen für wichtig halten, mag durchaus zu den Notwendigkeiten des Lebens gehören, kann aber, vom Einzelnen her gesehen, nicht das letzte Wort haben. Vergiß das Beste nicht, vergiß nicht, daß das, was man mit Erfolg und Karriere meint, zum Allerbesten jedenfalls nicht gehört, weder für den Mann noch für die Frau.

72.

Der gebildete Mensch – ein verloren gegangenes Leitbild. – Die Menschen haben sich unter der Regie abendländischer Mentalität

– mag sie kapitalistisch oder sozialistisch orientiert sein – gegenseitig in die Zwangsvorstellung hineingetrieben, daß alle Übel in der Welt zu heilen seien durch Organisation – durch immer weiter ausgreifende, weltumfassende Organisation.

Diese den Zeitgeist prägende Utopie sieht, wenn nicht mit Verachtung, so neuerdings allenfalls mit nachsichtigem Lächeln (Nostalgie ist das Stichwort) zurück auf ein Weltverständnis, das uns verlorengegangen ist, auf Hoffnungen, die zerstört worden sind. Es war die Gedankenwelt und Ethik des gebildeten Bürgertums, die ursprünglich von Weltverbesserung durch Organisation so gut wie gar nichts wußte. Wird die ferne Zukunft beide Utopien, die Utopie im Zeichen des Fortschritts ebensowohl wie die Utopie des Heimwehs weit hinter sich lassen? Niemand kann es wissen, aber immer deutlicher zeichnet sich der Gedanke ab, daß alles, was wir mit abendländisch geprägter Gesittung meinen, mit der Frage verbunden ist, ob man auch in Zukunft jemals verstehen wird, was es bedeutet, Bildung zu haben. Es ist schlimm bestellt mit der Identität unserer Kultur, der Kultur des weißen Mannes, wenn das Leitbild des gebildeten Menschen verlorengeht und es dahin kommt, daß auf diesem Wege der Abendländer seine Selbstachtung verliert.

Er ist den anderen Völkern und Rassen vorausgelaufen in einer beinahe schon ruchlosen Art von Wirklichkeitsbewältigung mit Hilfe seines wirklichkeitsaufspaltenden, operativen, konstruktiven, perspektivischen Denkens. Nachdem er die Naivität verloren hat, nachdem er sie offenbar auch endgültig und zwangsläufig verloren geben will, ist er dabei, auch das aus der Hand zu geben, was in klassischer Weise Wilhelm von Humboldt als das Wesen der Bildung begriffen, formuliert und verwirklicht hat.

Einsamkeit und Freiheit bezeichnen, seinen Worten gemäß, das Wesen der Bildung. Wir sehen und begreifen heute eben diesen Zusammenhang so wenig wie nie zuvor. Die Reflexion (die Aufklärung, wenn man will) hat hier etwas zerstört, was im naiven Weltverständnis selbstverständlich und allgegenwärtig war: daß Freiheit und Einzelgängertum von jeher hintergründig zusammengehören. Es bleibt uns nur die eine Hoffnung, daß das Getrennte sich wiederfinden kann, wenn wir heute und morgen fest entschlossen sind, nicht vor dem Zeitgeist, der die Freiheit falsch versteht, weil er von der Einsamkeit nichts weiß, zu kapitulieren. Der Kerngehalt ursprünglicher abendländischer Ethik ist zu kostbar, als daß wir ihn verloren geben dürfen. Er kennt keine tiefergründende ethische Forderung als diese: als ein tapferer Einzelner dem Leben zu begegnen.

73.

Das Zeitalter des gesichtslosen Menschen. – Das progressive Denken hat das Wertgefühl zerstört, als das die Bildung vom Anfang aller Kultur her sich dargestellt hat: als ein Gefüge von Natur, Ethik und Gestaltungskraft. Es hat dieses Gefüge so gründlich auseinandergerissen, daß der moderne Mensch kaum noch verstehen kann, was mit Bildung gemeint ist. Er verrät sein Nichtverstehen damit, daß er sie mit Ausbildung verwechselt – einer Verwechslung, die ihren kaltherzigen Ausdruck gefunden hat in der bereits erwähnten Definition der Schule als Organisation von Lernprozessen.

Das Wesen der Bildung läßt sich nur von zwei Voraussetzungen her verstehen: Bildung bedeutet, trotz aller damit verbunden Lernprozesse, ein Verhältnis zu bewahren zur Warmherzigkeit des Selbstverständlichen, zur Warmherzigkeit des naiven Lebens. Bildung bedeutet, sich zeitlebens zu wehren wissen – nicht gegen die Unbildung (nicht gegen den Analphabetismus, um es konkret zu bezeichnen), sondern gegen die Halbbildung.

Nochmals dürfen wir uns auf Humboldt berufen: Bildung bedeutet, zum Nachdenken, nicht aber zum Lernen um des Erlernens willen anzuleiten.

Von Seiten der Halbbildung sind immer noch die bösartigsten Attentate gegen die Ethik (konkretes Beispiel Adolf Hitler), soweit sie lebensvoll gleicherweise mit der Naivität wie mit Reflexion und Bildung verbunden ist, verübt worden – und vielleicht wird man unser Jahrhundert später einmal mit Schmerz und Trauer (falls man dann nicht alle abendländischen Wertvorstellungen begraben und vergessen hat) ein Jahrhundert der schrecklichsten Halbbildung nennen.

Historische Perspektiven können hier nur angedeutet werden. Kaum lohnt es sich, den Hinweis auf «Führergestalten» wie Hitler nochmals aufzunehmen. Hier sind die verbindenden Linien überdeutlich nachzuzeichnen, die von dieser Art von Halbbildung zu der monströsen Amoralität eines rachsüchtigen Fanatikers geführt haben.

Im Kontrast hierzu gewann nach dem Zusammenbruch der alten Werte das Ethos liberalen Denkens, dieses wahrhaft europäische Ethos, eine neue, und aufs neue überzeugende Leuchtkraft. Weitum im Hintergrund aber blieb ein Vakuum. Der deutsche Liberalismus der Umerziehungsjahre war einem Humanismus verhaftet, der nicht nur religionslos ist, wie wohl niemand leugnen kann, sondern (was Intellektuellen zu begreifen nicht leicht fällt) auch unkritisch blind in Fragen basaler Identität. Es war, kurz gesagt, ein weltfremder, die menschliche Natur verkennender Humanismus, eine weltfremde Ethik, ein Überbau ohne Kenntnis und Berücksichtigung des Unterbaues.

Statt radikal zu denken, was dem Wortsinn nach heißen soll: von den Wurzeln her zu denken, hat man an Lernprozesse geglaubt, die den Menschen veredeln sollen. Bei Rückschau muß man sich, wie schon bemerkt, fragen, ob es je eine so schülerhafte Generation gegeben hat wie die Generation der Nachkriegsjahre – in China waren es die damit vergleichbaren Jahre der Kulturrevolution, die ähnlich schülerhaft bis zur Karikatur geprägt waren infolge einer Intoxikation fernöstlicher Hochkultur durch Gedankengut aus dem intuitionslos gewordenen Abendland.

Der weitere Werdegang wird aus allen Menschen lebenslängliche Schüler machen. Die Ethik wird ersetzt durch Verhaltenstechnologie. Es wird keine Gesichter mehr geben, sondern nur noch robotomorphe Menschen, die versklavt sind von den wirklichen Robotern. Nach dem Muster der Massentierhaltung wird man immer perfektere Modelle entwickeln für die Massenmenschenhaltung – der Schritt von der einen Amoralität zur nächsten ist vorprogrammiert.

74.

Der Feind der Bildung ist die Halbbildung. – Der naive Mensch (der schlichte Mensch kann man stattdessen sagen) und der gebildete Mensch haben etwas Wesentliches gemeinsam: die Originalität. Aus diesem Grunde verstehen sie einander und haben Respekt voreinander – mag das Verhältnis auch oft einen schmerzlichen Hintergrund im Hinblick auf Klassenunterschiede haben. Will man hingegen das Wesen der Halbbildung bezeichnen, so kann man es nicht besser tun als mit den Worten: sie zerstört die Originalität – und indem sie dies tut, zerstört sie die Ethik.

Hier bedarf es einer Erklärung. Würde die Halbbildung auf halbem Wege liegen (das Wort verführt ja zu dieser Vorstellung) zwischen Unbildung und Bildung, als unvermeidliche Zwischenstation also, dann könnte nur von gleitenden Übergängen gesprochen werden. Das Problem ist aber von ganz anderer Art: Die Halbbildung weist hin auf einen Bruch der Mittelachse des Selbstseins, von dem wiederholt in unserem Text die Rede war. Vielleicht allzu vereinfacht und wohl auch etwas unbeholfen dürfen wir diese Mittelachse bezeichnen als die Achse des persönlichen Lebens, die die naive Ethik mit der konstruktiven Ethik verbindet. Ist die Achse gebrochen, dann wird die Ethik durch Logik ersetzt.

Logik aber ist unpersönlich. Die selbstverständlichen, die subjektiven Wahrheiten verlieren in der Auseinandersetzung mit ihr ihren ursprünglichen Ernst. Der Glaube an das Erkennbare, Machbare, Erlernbare, Übertragbare wird so hypertroph, daß keiner mehr den anderen versteht. Jeder macht jedem etwas vor.

Der naive Mensch besitzt eine natürliche Immunität gegen die allgegenwärtigen Lügen – namentlich gegen die politischen Lügen. Dem Halbgebildeten geht diese Immunität verloren. Der naive Mensch ist auf seine Art und Weise sicher in seinen Wertgefühlen. Er läßt sich nichts vormachen. Er weiß, daß die Menschen ungleich sind, und er weiß, daß es gute und schlechte Menschen gibt, und daß auf gar keinen Fall die Unterschiede von arm und reich damit etwas zu tun haben.

Der Halbgebildete saugt den naiven Wertgefühlen das Blut aus. Er schmarotzt auf Kosten aller gutgläubigen Menschen. Er biedert sich an. Er ist ebenso geneigt, die anderen zu belehren wie zu schikanieren. Er ist vorzüglich dazu geschaffen, Funktionär zu sein. Er ist, wo es um moralisches Rechtbehalten geht, immer auf der richtigen Seite. Aber wann immer es ernst wird, kann niemand ihn fassen. So kann denn auch niemand sagen, was Ursache und was Folge der Halbbildung ist. Haben die Ideologien der abendländischen Ethik das Rückgrat gebrochen, oder ist die Ethik ideologieanfällig geworden, weil sie ihre Unschuld und Selbstverständlichkeit verloren hat?

75.

Ohne Skepsis kein offener Raum. – Der gebildete Mensch im hoffentlich nicht endgültig veralteten Sinne ist immer noch am ehesten daran zu erkennen, daß er die Halbbildung von sich fernzuhalten weiß durch die Skepsis. Selbstverständlich zwar steckt in dieser Skepsis etwas, was ihn in Distanz bringt zunächst einmal zur Naivität. Denn die Reflexion hat als solche ein doppeltes Gesicht: Sie ist notwendiges Gegengift gegen die Halbbildung, aber sie kann auch die Wurzeln der Wertgefühle schädigen.

Daß sie von Anfang an vorzüglich zuhause ist – und hier mit deutlichem Nord-Süd-Gefälle innerhalb Europas – im nordwestlichen Europa und, um dies nicht zu vergessen, bei intellektuellen Juden, und daß sie von daher dem Abendland der Neuzeit das Gepräge gegeben hat, ist unverkennbar.

Das Problem, das darin liegt, daß die Reflexion den Wertgefühlen gegenüber eine doppelte Rolle spielt, hat Kierkegaard zu fassen versucht, indem er von der notwendigen Doppelreflexion spricht: Im ersten, im fragwürdigen Stadium (fragwürdig im Verhältnis zur Naivität) zerstört sie vieles, was zum Unsagbaren gehört, durch den Glauben (der sehr schnell zum Aberglauben sich auswächst) an das Ausgedachte. Im zweiten Stadium hilft sie, den Horizont, den sie vorher an vielen Stellen verschlossen hat, wieder zu öffnen. Erst in diesem Stadium zeigt sich dann die Reichweite einer Skepsis, die auch dem Ausgedachten gegenüber unbestechlich bleibt und dem Glauben (der Religion) einen so weiten Raum gibt, daß auch die naive Empfindungs- und Wertewelt darin Platz hat. Indem man es in dieser Perspektive sieht, kann man sehr wohl sagen, daß die Skepsis, die aus der Doppelreflexion kommt, jenem naiven Weltverständnis und Selbstgefühl die Hand reicht, das von vorneherein nicht an die Weltbeglückungsideen der Besserwissenden glaubt. Die von der Skepsis nicht gezügelten Ideologen sagen (Karl Marx hat es so formuliert), es komme nicht darauf an, die Welt zu erklären, sondern sie zu verändern. Aber es steckt doch wohl sehr viel mehr Tiefsinn in einer ganz anderen Wahrheit. Wenn man die Welt ohne Erklärung versteht, dann wird man allen Absichten, sie zu verändern, mit höchster Skepsis begegnen.

Noch einmal mehr finden wir so eine Antwort auf die Frage, was Bildung sei. Es ist die Fähigkeit, mit dem konstruktiven Denken, das ja in akzentuierter Weise zur abendländischen Mentalität gehört, souverän umzugehen – so umzugehen, daß die Ethik intakt bleibt. Wie ist das Sittliche in die Welt gekommen, fragt Goethe, und er antwortet: nicht auf dem Wege über die Reflexion, sondern (so in Wilhelm Meisters Wanderjahren) zusammen mit «der angeschaffenen, angeborenen schönen Natur», Hand in Hand mit der «geheimnisvollen Entwicklung angeborener Neigung und Sehnsucht». In der genialen Zusammenschau der drei Kategorien, des Pragmatischen, des Ethischen und des Mystischen, offenbart sich die Geistesgröße Goethes, die kein anderer später eingeholt hat. Indem er im gleichen Zusammenhang vom «reinen Mittelpunkt des Sittlichen» spricht, weist er der Sittlichkeit den Ort zu, der ihr unabhängig von allen Abstraktionen zukommt. Ganz konkret bezeichnet er Religion und Sittlichkeit als die Elemente, «die den Menschen eigentlich zusammenhalten».

76.

Ist dem Abendländer noch zu helfen? – Wenn die Skepsis in der weitreichenden Bedeutung, die wir ihr für die Bildung zusprechen, verlorengeht, ist das Abendland verloren. Nur die Skepsis als Voraussetzung einer differenzierten (fanatismusfremden) Individualität kann der Subjektivität das Erstgeburtsrecht zurückgeben, der Subjektivität, die uns sagt – um Humboldt ein drittes Mal zu zitieren: «Wirke auf andere durch das, was du bist.» Statt unablässig bemüht zu sein um das «richtige» Bewußtsein, das eigene wie das der Mitmenschen, sollst du denken und handeln nach eigener Wahl im Hier und Jetzt. Alle Unternehmungen sind fragwürdig, die das Schicksal der anderen ändern wollen in Richtung auf progressives Denken, das die Zwecke und Mittel mit dem Daseinssinn verwechselt. Im Gegensatz zur (selbstverständlich durchaus notwendigen) Ausbildung ist die Bildung ihrem Wesen nach zwecklos – so wie ja alles, was dazu gehört, Musik und Kunst und Literatur zwecklos ist und Sinn nur in sich selbst findet.

Dem Abendländer ist nicht zu helfen, wenn er sich nicht mehr freimachen kann von seinen Weltbeglückungsideen, die weltweit überall so mißbraucht werden, wie kein Idealist sich das jemals hätte träumen lassen. Es waren gutgemeinte Ideen vom ersten Anfang her, aber sie haben die Menschen naturfremd, heimatlos, religionslos und überdies blind, wo es um einfachste Menschenkenntnis geht, gemacht. Sie sind zum Nährboden geworden für ethische Mißverständnisse in allen Bereichen des menschlichen Zusammenlebens. Schonungslos dürfen wir und müssen wir vielleicht von der sittlichen Verwahrlosung des Abendlandes (zuzüglich selbstverständlich Nordamerikas) sprechen, obwohl dies mißverstanden werden kann, weil alle Moralpredigten längst untrennbar mit Lebenslügen verfilzt sind. Dies liegt allein schon am Pathos des Predigens, am Pathos der Sprache überhaupt. Wir kommen der Wahrheit näher, wenn wir sagen, daß der Verwahrlosung der Verlust an Eigenständigkeit zugrunde liegt. Der moderne Mensch will nicht mehr eigenständig sein. Begehrlichkeit, gewollte Vergeßlichkeit, Ablenkungssucht, Ersatz des Daseinsernstes durch Veranstaltungen – dies alles treibt ihn immer weiter davon ab.

Die Menschenwürde kann und muß durch Gesetze geschützt werden. Aber keine Gesetze können Menschenwürde schaffen, und keinem Menschen kann man helfen, seine Würde zu bewahren, wenn er sie sich selbst verdirbt. Eine gewollte, oft schamlos forcierte, selbst zu verantwortende Würdelosigkeit und Gemeinheit im Umgang miteinander und im besonderen auch in der Sprache gehören lange schon zu den Leitsymptomen der abendländischen Verwahrlosung.

Das Gespenst, das uns mit dem Wort vom Untergang des Abendlandes bedroht, läßt sich nur noch beschwören, wenn wir zuallererst uns auseinandersetzen mit dem beklemmenden Gefühl, daß der Abendländer selber alles das, was er an Wert und Würde aufzuweisen hat, immer hemmungsloser preisgibt.

Hin und her geworfen zwischen Arroganz, Taktlosigkeit und Selbstverleugnung ist er sich seiner Identität so unsicher wie noch nie. Von der einen Seite her ist die Idee vom starken Ich immer unglaubwürdiger geworden, weil die Macht und das Machenkönnen ohne Innerlichkeit immer unglaubwürdig bleiben werden. Von der anderen Seiten her verführt das beschädigte Selbstwertgefühl den Abendländer zu Schamlosigkeiten, die seinem Wesen fremd sind. Er weiß nicht mehr, was er will. Nun haben zwar die Menschen noch nie gewußt, was sie mit eigenster Gewißheit und vom Grunde her wollen. Seit dem Verlust von Instinkt und Religion, seit die uralten Selbstverständlichkeiten sich aufgelöst haben, wissen sie es weniger als je zuvor. Die besondere Lage, in die der Abendländer auf

Grund seiner Ichproblematik sich gebracht hat, ist gekennzeichnet durch die Idee, anderen helfen zu wollen, während er total blind geworden ist für die Einsicht, daß niemand anderen helfen kann, wenn er seinen eigenen Standort nirgends mehr finden und behaupten kann. Wenn man kritiklos bereit ist, den abendländischen Individualismus zu verleugnen, dann wird man alles verspielen, was dem Abendland bislang Sinn, Verstand und Existenzberechtigung gegeben hat.

Sichöffnen und Sichschließen

«Seit Jahren schon beschäftigt, nein fasziniert mich das Phänomen, daß der Mensch die Fähigkeit besitzt, sich zu öffnen und zu schließen.» Einer der bekanntesten holländischen Psychiater, H. C. Rümke, von dem diese Worte sind, hat damit als erster ein Thema aufgegriffen, auf das viele Wege der Forschung an Mensch und Tier unmittelbar hinführen. Er hat selbst die wichtigsten Gedanken zu diesem Thema skizziert wie folgt: Ein Unvermögen nach beiden Richtungen hin weist auf pathologische Störungen hin. Ein rhythmischer Wechsel von Öffnen und Schließen gehört zu den wesentlichen Kennzeichen dessen, was wir unter psychischer Gesundheit verstehen. Es gibt fraglos ein Optimum in der Art, wie beide Vorgänge sich ergänzen. Beide Vorgänge sind verbunden mit physiologischen Prozessen und können bis zu einem gewissen

Grade sogar medikamentös gesteuert werden. Je mehr wir beide Vorgänge und ihr Wechselspiel zu fassen und zu verstehen lernen, desto deutlicher werden sie sich abzeichnen als ein anthropologisches Wesensmerkmal ersten Ranges.

Vielleicht sollte hier aber noch gar nicht die anthropologische Problematik an die erste Stelle gesetzt werden, sondern die Problematik des Lebens. Wir fassen hier das Leben an einer Stelle, wo es nicht geteilt erscheint in Körper und Seele. Es werden uns Begriffe in die Hand gegeben, die die sonst meist verwendeten Schemata durchbrechen. Der Physiologe kann sie gleichermaßen anwenden wie der Psychologe, und der Biologe gleichermaßen wie der Soziologe. Wenn sie trotzdem in keiner dieser Disziplinen zu den geläufigen Begriffen gehören, so erklärt sich dies nur damit, daß sie voll und ganz und mit glückhaftem Griff auf jene Mitte sich beziehen, die in unserem Kulturkreis niemand kennen will: auf die Sinnlichkeit. Im Wechsel von Sichöffnen und Sichschließen besteht unser sinnliches Verhältnis zur Welt. Jedes unserer Sinnesorgane ist einbezogen in dieses Wechselspiel und trägt dazu bei, in die Welt uns einzuschließen und – bei Verweigerung – aus der Welt uns auszuschließen.

Wir greifen zurück auf den Gedanken, daß die Lebewesen offenen Gefäßen vergleichbar sind, daß sie aber gleichzeitig darauf angelegt sein müssen, sich nicht beliebig ausweiten zu lassen, sich in ihren Grenzen zu halten. Jede der lebenden Arten ist auf andere Grenzen angewiesen – man kann auch sagen gezüchtet –, weil nur innerhalb dieser ihrer spezifischen Grenzen sie den auf der Erde für sie freigebliebenen Platz einnehmen und bewahren konnte. Sich unbegrenzt zu öffnen gegenüber dem Bereich des Unbegrenzten ist gleichbedeutend mit der Zerstörung der lebendigen Formen. Die Botschaften aus dem Bereich des Ewigen und Zeitlosen würden – mit Hölderlins Worten – uns Dach und Boden entzünden («wäre der, der es gibt, nicht sparsam»).

Wir können vom Offenen sprechen, von der «großen Weite» (die Taoisten haben diesen Begriff am besten verstanden), dürfen uns aber gleichzeitig eingestehen, daß auch hier unsere Begriffe nur Hilfsbegriffe sind. Die Hilfe, die sie leisten, den Durchbruch durch gewohnte Denkmodelle, können wir ziemlich genau bezeichnen: Sie helfen uns, Innenwelt und Außenwelt als Einheit zu nehmen. Ob ein Mensch sich nach innen wendet oder nach außen – dieser bei Soziologen viel zu wichtig genommene Kontrast –, wird suspendiert, wenn man von unserer ganz anderen Frage herkommt, der Frage, ob der Mensch sich zu öffnen vermag oder nicht für eine Wirklichkeit, die auf *allen* Wegen um ihn herum ist, innen wie außen. Denn selbst der Schlaf ist auf eine besondere Weise ein sinnliches Hingegebensein an die Welt. Auch die Alternative von Tun und Nichttun wird ungültig, da der Mensch beides sein kann, blind sowohl wie offen, in einem Tun wie auch in einem Nichttun. Ist die Arbeit wichtiger als die Intuition? Auch diese Fragestellung gerät aus den Fugen, wenn wir verstehen, daß alle Menschen immer nur im Wechsel von Mühe und Mühelosigkeit das beste aus sich machen können – das soll heißen, das eigene Leben auszuweiten zugleich und zu begrenzen – offen zu sein, wie immer möglich, und geschlossen zu sein, wo immer notwendig. Die phantastischen Möglichkeiten, die in allem Lebendigen stecken und im Menschen auf eine potenzierte Art, können wir wohl kaum anders verstehen, als daß wir sagen, daß sie im Weltstoff darin sind. Alles andere ist Psychologismus, das soll heißen, alles andere würde darauf hinzielen, daß die Psyche das ganze produziert. Aber die Psyche produziert nichts (wann wird endlich der Abendländer das begreifen) – so wenig wie das Gehirn etwas produziert. Psyche ist nichts als ein Kommen und Schwinden im Wechsel des Sichöffnens und Sichschließens. Sie kommt und geht mit dem, was unsere Sinne uns an Teilhabe ermöglichen oder begrenzen.

Wiederum finden wir uns hier auf das Weltbild der Epiphanie, der Offenbarung durch das Sinnliche, verwiesen, so wie es sich in der Welt der Antike in Umrissen uns abzeichnet: Der Gott zeigt dem sterblichen Menschen, was es alles gibt, er läßt es hindurchscheinen durch die Formen des Lebens hindurch, die uns umgeben. Alles versteht der Mensch in den lichten Augenblicken seines Lebens, diese allein zählen. Nichts versteht er, wenn die Schatten auf ihn fallen. Nur wenn die Sonne scheint, wird die Eidechse wach und spürt die Wirklichkeit ihres Lebens. Die Eidechse ist ein sehr spezialisiertes Tier, bei ihr bedarf es der ganz konkreten Besonnung. Aber das Licht kann von überallher kommen – es ist offenbar immer da, wenn man nicht Mauern davorsetzt – wenn man nicht «organisch borniert» ist wie das Tier oder – wie vorzugsweise der Mensch – sich in der Aktion mit den Mitlebenden selbst seine Begrenzungen und Verschlossenheiten schafft. Ob ein Mensch gut ist oder nicht, das hängt doch offenbar nur an der Frage, ob er für Gutes offen ist oder nicht.

Es gibt ein Einssein mit der Welt nur im Hier und Jetzt der sinnlichen Erfahrung, und dieses Hier und Jetzt ist nicht abhängig vom Tun oder Nichttun, sondern vom richtigen Augenblick, von vielerlei zusammentreffenden Umständen, die wie in einem leichten Spiel verschlossene Wege wieder öffnen. Was hinter allen diesen Wegen aber sich öffnet, ist nichts anderes als die Zeit selbst, diese wichtigste Maßbestimmung unseres Daseins – der Zeitdruck ist weg. Die Suche nach der verlorenen Zeit heißt das Thema, das Marcel Proust in seinem großen Romanwerk behandelt hat. Er sagt uns, daß es sinnliche Eindrücke sind, die uns mitnehmen zu einem Sprung aus der Zeit heraus, sinnliche Eindrücke, die uns belanglos erscheinen können (das Geräusch eines Löffels auf einem Teller kann genügen), aber so wenig belanglos sind, daß sie, wie der Dichter wörtlich sagt, für seine geistige Erneuerung «wertvoller waren als noch so viele humanitäre, patriotische, internationalistische und metaphysische Unterhaltungen». Die Sinneseindrücke sind die *Wegeöffner*. Sie können das Gewesene mühelos zurückholen und damit dem Sichselbstspüren und dem Verspüren der Zusammenhänge des Lebens eine Intensität geben, an die kein katalogisierendes Gedächtnis heranreichen kann.

Wir dürfen daraus schließen, daß hinter dem, was wir gemeinhin unter Gedächtnis verstehen, sich noch etwas ganz anderes verbirgt. Das Gedächtnis als Katalog, das Gedächtnis sich verkörpernd als eine Apparatur, die Informationen speichert und nach einem Lochkartensystem arbeitet – dies ist eine von außen her erfaßbare Seite des Gedächtnisses, erfaßbar durch mechanomorphe Denkmodelle. Bezeichnenderweise und auf groteske Weise verführen solche Denkmethoden ja auch bei saloppper Redeweise dazu, von «Gedächtnismaterial» zu sprechen. Dies sind dann freilich Fehlgriffe, die nicht der Hirnforschung angelastet werden dürfen. Alle experimentellen und operativen Erfahrungen haben eindeutig gezeigt, daß man nirgends bestimmte Erinnerungen bestimmten Hirnregionen örtlich zuordnen und demgemäß etwa operativ ausschalten kann. Wir müssen fragen, welche Möglichkeiten es gibt, dem Gedächtnis von der ganz anderen Seite her beizukommen. Die beste Hilfestellung bietet sich auch hier in der von H. Bergson entwickelten Philosophie an. Wir müs sen fragen, ob das Wesen des Gedächtnisses überhaupt in Zeit und Raum gefunden werden kann. Alles, was wir an organischen Funktionen fassen können, läßt sich verstehen als Einrichtung, um den Zustrom zu regulieren und nur das zuzulassen, was in den aktuellen Handlungsablauf hineingehört. Das Lebewesen wäre aktionsunfähig, wenn es nicht abblenden könnte. Daß das Gedächtnis uns nicht willkürlich zur Verfügung steht, weiß jeder. Wir können folglich keine anderen Begriffe finden, die die Verfügbarkeit des Gedächtnisses besser kennzeichnen, als die von uns gewählten: Es sind die Vorgänge des Sichöffnens und Sichschließens, von denen allein es abhängt, von welcher Art und Fülle der Erinnerungen wir bewegt werden. Zu den äußersten Möglichkeiten des Offenseins gehört vielleicht dies, daß alles so sich zeigt, als gebe es keine Zeit, und daß alles Erkennen als ein Wiedererkennen verstanden wird. Man denke an Worte, mit denen bei Dostojewski der Fürst Myschkin über die Sekunde spricht, die dem epileptischen Anfall vorausgeht (eine Sekunde organisch bedingter Entgrenzung): «In diesem Moment glaube ich jenes ungeheure Wort zu verstehen, daß hinfort keine Zeit mehr sein wird.»

Die in der Hirnpathologie gemachten Erfahrungen sagen uns, daß die augenfälligsten Gedächtnisstörungen nicht von Schädigungen der Hirnrinde, sondern solchen in tieferliegenden Hirnregionen (im limbischen System) abhängig sind. Es sind dieselben Hirnregionen, die entscheidend sind für die sinnlichen Interaktionen bei Tier und Mensch, und innerhalb dieses Bereiches im besonderen jene Zonen, die bei den Säugetieren für den Geruch wesentlich sind (Riechhirn). Auch von dieser Seite der Forschung her werden wir ermutigt zu sagen: Der Schlüssel zu den Erinnerungen liegt in den Bereichen des Sinnlichen. Wir folgern weiter: Nur insoweit das Gedächtnis ein sinnliches Phänomen ist, fallen die beiden Anteile, die es ausmachen, der Anteil des Objektiven und der des Subjektiven, ineinander.

Die Vorgänge des Sichöffnens und Sichschließens zeigen sich von der objektiven Seite, wenn wir die Spezialisierung der verschiedenen Tierarten im Blickfeld haben. Je enger spezialisiert ein Tier einer bestimmten Art ist, das bedeutet, je genauer es in sehr begrenzte Interaktionsfelder hineinverfugt ist, je enger die Umwelt und Mitwelt, desto mehr organisch kanalisiert, fixiert, borniert sind seine Verhaltensmuster. Was nicht lebenswichtig ist, beachtet es nicht. Es öffnet und schließt sich in genau programmierter Weise. Bestimmte Wege sind vorgezeichnet und sind markiert durch sehr gezielte wegeöffnende und wegeschließende Funktionen und Substanzen. Als bahnfreigebende (grünes Licht gebende) Substanzen können in der Biologie vor allem die Hormone angesprochen werden. In dieser Weise wirken die Geschlechtshormone um so genauer gezielt auf das geschlechtliche Verhalten ein, je spezialisierter die Tierart ist. Überträgt man das, was uns die Forschung darüber sagt, unbedenklich auf größere Umkreise tierischen und menschlichen Verhaltens, so könnte man zu der unsinnigen Aussage kommen, daß die Hormone die Verliebtheit produzieren. Aber auch die Hormone produzieren nichts. Sie geben nur die Bahn frei.

Stark spezialisierte Tierarten wirken starr und alt, wenig spezialisierte wirken beweglich und jung. Der Zusammenhang ist leicht zu finden. Die Kindheit ist bei allen Lebewesen, verglichen mit den späteren Stadien, die Zeit des Offenseins. Mit dem Älterwerden des Organismus nimmt gleichsam (wenn man diesem Denkmodell weiter folgen will) die Undurchsichtigkeit zu, die Undurchlässigkeit, die Verschlossenheit.

Der Mensch hat Haustiere gezüchtet, von denen viele auf Zwecke eingeengt sind, die ihm nützlich sind. Je spezialisierter sie sind, desto weniger offen ist für sie die Welt, verglichen mit der Welt ihrer freilebenden Artverwandten. Er hat eine Haustierart gezüchtet, die er zum Kameraden seines Lebens bestimmt hat, den Hund. Der Hund ist offener als der Wolf. Er ist – biologisch gesehen – in vieler Hinsicht ein infantil bleibender, sein Kindheitsstadium länger festhaltender Wolf.

Wenn wir nun fragen nach den Vorgängen des Öffnens und Schließens beim Menschen, so werden wir auch hier zunächst ausgehen von der Bedeutung der organischen Verfassung für beide Vorgänge. Er ist das am wenigsten auf fertige Antworten abgestimmte Lebewesen, das besagt, er ist am allerwenigsten spezialisiert in der Art, wie er sich öffnet und schließt. Nur anmerkungsweise sei bemerkt, daß dies zugleich bedingt ist und zugleich sich ausdrückt durch vielerlei körperliche Besonderheiten, wie die aufrechte Haltung (Brust und Bauch nach vorne gewendet) und die nackte Haut – beides Merkmale, die ihm eine eigentümliche Blöße geben.

Es wäre sehr viel zu sagen zum Thema der körperlichen Konstitution des Menschen, es muß der Hinweis genügen, daß uns die Lehre vom Körperbau und Charakter (i. S. Kretschmers und anderer Autoren) hier einen Zugang zeigt, der auch heute noch viele Zusammenhänge zwischen Körperverfassung, Grundstimmung und Antriebskräften uns anschaulich machen kann. Es gibt typische körperliche Merkmale endogener (biologisch vorgeprägter) Art, bei denen vor allem der periodische Wechsel zwischen Zuständen des Geöffnetseins und solchen des Geschlossenseins besonders intensiv und unverstellt sich uns zeigt. In der Phase, die man die manische nennt, ist in mehr oder weniger pathologischer Weise das sinnliche Leben weit geöffnet und die Aktionsbereitschaft in Korrespondenz dazu nach jeder Richtung hin gesteigert. Die zugehörige gehobene Stimmungslage ist unmittelbarer Ausdruck dessen, daß den Menschen alles froh stimmt, was ihm Öffnung gibt – mit der Einschränkung allerdings, daß mit den Aktivitäten auch eine quälende Unruhe mit ins Spiel gebracht wird (agitierte Form der Manie). In der entgegengesetzten Phase, die man die depressive nennt, liegt alles sinnliche Leben im tiefen Schatten. Alle Aktionen sind gehemmt, weil mit dem Verlust der sinnlichen Lebendigkeit das Dasein keinen

Sinn mehr zeigt. Zuletzt erlischt selbst die Fähigkeit, traurig zu sein. Eine Analyse depressiver Krankheitsfälle hat gerade in neuerer Zeit sehr deutlich gemacht, daß hier das sinnliche Leibsein in totalen Windschatten gerät und dem Kranken geradezu tief verdächtig wird. Er erlebt sein Leibsein als Beschämung und ist, wie H. Tellenbach nachweist, vor allem schiffbrüchig in der oralen Sphäre. Es ist ebenso typisch, daß dann vor allem das Schmecken und das Riechen zu schwinden scheinen, wie es in weiteren Fällen typisch sein kann, daß der Kranke selbst sich als übelriechend und beleidigend für die Mitmenschen erlebt. Er erlebt sich als schlecht, es überwältigt ihn das Bewußtsein, daß verschlossen und schlecht gleichbedeutend seien.

Das Wertempfinden hat sinnliche Voraussetzungen. Es ist kein Zweifel, daß die pathologischen Phasen von Manie und Depression in übersteigerter Weise etwas zeigen von der endogenen Periodizität des sinnlichen Gestimmtseins und Hand in Hand damit des Aufgeschlossenseins und Zugeschlossenseins für alle Bedeutsamkeiten des Daseins. Im pathologischen Falle bleibt der Mensch über lange Zeiten (Wochen und Monate) in einer der beiden Phasen hängen. In den Fällen aber, die wir wahrscheinlich nicht nur als normal, sondern als unbedingt zugehörig zum Menschsein (im biologischen Sinne) ansprechen dürfen, wird der Mensch ständig von Schwankungen leichterer Art begleitet, die in der Regel als Tagesschwankungen auftreten, die wiederum die meisten Menschen zu überdecken und durch bestimmte Gewohnheiten zu paralysieren wissen.

Die Konstitutionsforschung macht es deutlich, daß stoffliche Vorgänge beim Wechsel von Öffnen und Schließen mitwirkend sind. Solche Abhängigkeiten zeigen sich in viel gröberer Weise bei so faßbar substantiellen Einwirkungen auf den biologischen Haushalt, wie sie durch Medikamente und insbesondere durch Rauschmittel jeder Gattung erzielt werden können. Der Rausch soll dem Menschen helfen – wenn nichts anderes helfen will –, mit Gewalt sich so zu öffnen, daß der sinnliche Sinn des Daseins ihm unvermittelt zuströmt. Man kennt, wie man weiß, eine sehr breite Skala von chemischen Stoffen, die ganz fraglos dazu verhelfen können. Es ist in unserem Zusammenhang nicht wichtig, sie einzeln zu nennen und die Differenzen zu zeigen. Man hat von bestimmten Rauschmitteln gesagt (vom LSD), ihre Wirkung sei vergleichbar dem Austausch eines gewöhnlichen Filmes im

Fotoapparat mit einem weit lichtempfindlicheren. Etwas davon gilt, jedenfalls für bestimmte eingeblendete Phasen, je nach den Umständen für alle Rauschzustände. Das Dasein scheint vorübergehend an ungeahnter Transparenz zu gewinnen – aber ist es wirklich nur ein Scheinen? Wir wissen ja in der Tat nichts darüber, ob das, was der Außerhalbstehende Sinnestäuschung nennt, nicht Sinnesausweitungen sind. Es ist unmöglich, jemals die «Wirklichkeit» von angeblichen Sinnestäuschungen zu widerlegen. Schon E. Mach hat dies konstatiert. Wir wissen nichts darüber, ob das, was wir Wahn nennen, nicht jener Teil der Wirklichkeit ist, der gemeinhin nicht zum Zuge kommen soll und darf. Die Wirklichkeit des nüchternen Lebens ist ganz offenbar keine dem Menschen von selbst zufallende Wirklichkeit. Sie ist eine fortgesetzte Leistung des wachen Menschen, eine fortgesetzte Leistung, die auf Reaktion und Kontrolle gerichtet ist. Wir halten das Rollenspiel der uns gewohnten Lebensäußerungen und Willensanstrengungen gemeinhin für ein normales Menschsein – und für die eigentliche Wirklichkeit –, aber selbstverständlich und beweisbar ist das alles nicht.

Eine für uns wesentliche Einsicht aber darf

auf diese Weise formuliert werden, daß wir sagen: Der Effekt aller rauschvermittelnden Substanzen besteht darin, daß sie organische Isolierungen durchschlagen. Verdeutlicht wird dies noch durch die Tatsache, daß wir zahlreiche Substanzen kennen, die der rauschartigen Öffnung entgegenwirken. Am bekanntesten unter diesen Substanzen sind die Phenothiazine. Sie stehen der Gruppe der Antihistaminika am nächsten, das besagt, einer Gruppe von Medikamenten, die die Reizempfindlichkeit und Reaktionsintensität von Haut und Schleimhaut dämpfen. Der verbindende Gedanke ergibt sich zwanglos: Wir knüpfen ihn an die Bedeutung der Haut für das sinnliche Leben. Ganz von selbst fällt uns die Redensart zu, die von einem dicken Fell spricht. Was die Antirauschmittel, wenn man dieses Wort einführen darf, bewirken, ist ein dickeres Fell, eine Abschwächung der Physiognomien, die die Welt zeigt. Sie wirken einer Maske gleich, die dem Ich etwas von seiner empfindsamen Unmittelbarkeit nimmt. Wir können es mit einem Wort bezeichnen: Es sind schließende Substanzen. Man hat festgestellt, daß ein LSD-Rausch sofort blockiert werden kann, wenn Phenothiazinpräparate gegeben werden.

Im Rausch liegt Wahrheit. Wir sind fasziniert von Augenblicken der Hellsichtigkeit, die er zu geben vermag. Es sind Augenblicke, in denen wir über die Mauern blicken, die für gewöhnlich uns abschirmen gegen jene Bedeutsamkeit des sinnlichen Lebens, die uns mitteilt, daß mit dem, was immer wir sehen, hören, riechen, schmekken, spüren, immer zugleich mit uns selbst die ganze Welt gemeint ist. Eine ganz andere Frage ist es, ob wir es uns erlauben dürfen, gewaltsam einzugreifen in Rhythmen des Öffnens und Schließens, die auf zwanglosen Wechsel angelegt sind. Die Gefahren der Süchtigkeit sind erschreckend vielgesichtig. Sie stellen sich sehr verschieden auch dar bei den verschiedenen Rauschgiften, es gibt sehr verschiedene Arten des Abhängigwerdens von solchen Giften. Eine durchgehende Linie aber ist überall zu erkennen: Es geht die Geduld verloren und das ungestörte Vonselbst des sinnlichen Lebens. Jeder «Trip» ist gleichzeitig eine Angstpartie, denn der Mensch kann sich willentlich auf den Weg begeben, aber nicht willentlich sich zurücknehmen. Hat er sich auf der Mauer so weit hochgezogen, daß er ein paar Blicke werfen kann in das verlorene Paradies, so kann es ihm geschehen, daß er auf der Mauer hängen bleibt in einem

Zustand, der oft nur noch die fortgesetzte Selbstdestruktion freiläßt.

Es ist bekannt, daß wir bei den meisten psychischen Störungen Durchbrüche in das Offene hinein beobachten, die den Rauschzuständen ähnlich sind. Eine Kette von ganz verschiedenen Ursachen, Anlässen, Anstößen ist dabei meist im Spiel. Die Geisteskrankheiten sind meist multifaktoriell bedingt und durchaus mehrdimensional. Suchen wir aber nach einem Begriff, der Gemeinsames bezeichnet, so können wir sagen, daß die Reizfilterung gestört ist. Der Volksmund hat einen überaus bezeichnenden Ausdruck bereit. Man sagt von einem geistig gestörten Menschen, er sei «nicht dicht». Hier wird intuitiv erfaßt, daß die Störung etwas zu tun hat mit einem Aufgerissensein, mit einem Preisgegebensein auf Grund gestörter schließender Funktionen. Der Mensch hat im wachen Zustand Vorposten aufgestellt, die alles, was «von draußen» kommt, auf seine Legitimation prüfen. Alles, was geeignet ist, die Vorposten zu überrumpeln, gibt Raum für den Einbruch abnormer Erlebnisse. Das Vorstellungsgefüge, das wir das normale nennen, ist, genau wie das Wort es sagt, ein Gefüge von Schablonen, die wie ein Gitter *vor* das sinnliche Offensein *gestellt* werden, damit es den Menschen nicht überwältigt. Den exemplarischen Fall einer «mehrdimensionalen» Geistesstörung mit oftmals nachfolgenden, manchmal sehr schweren Dauerschädigungen finden wir in der Schizophrenie. Diese Krankheit ist zugleich der exemplarische Fall für Störungen des Sichöffnens und Sichschließens. In der Vorgeschichte der Krankheit finden wir nicht ein krankhaft zu nennendes Verschlossensein, sondern ein gesteigertes, wehrlos machendes Geöffnetsein im Bereiche aller mitmenschlichen sinnlichen und physiognomischen Interaktionen. Die Grundlagen des leiblichen Sichselberfühlens sind hier oft von Kindheit an gefährdet. Die Wahrung und Abgrenzung des eigenen Selbst wird zu einem Problem, das ohne Brüche und «Verwerfungen» der mitmenschlichen Beziehungen schließlich nicht mehr gelöst werden kann. Ein allergisch gewordenes Selbst sucht sich sehr bald hinter den Vorkehrungen einer verkrampften Verschlossenheit zu bergen, mit dem Ergebnis, daß es dadurch erst sich vollends lahmlegt. Darin unterscheidet diese Krankheit sich von den viel einfacheren krankhaften Vorgängen hinsichtlich des Sichöffnens und Sichschließens in manischen und depressiven Phasen. Nach dem Abklingen der Phase findet der

Mensch sich im wesentlichen wieder so, wie er vorher war. Wo hingegen die Bereiche des Sichselberfühlens und Sichselberfindens mitten in die Störungen des Öffnens und Schließens hineingezogen werden, geschieht etwas Unwiderrufliches.

Viele Arten von psychischen Störungen sind auch bei Tieren nachgewiesen (E. Frauchiger). Die Schizophrenie aber ist eine dem Menschen eigentümliche Erkrankungsweise. Wir bezeichneten sie als exemplarischen Fall einer vieldimensionalen Alteration. Dies aber bedeutet, daß sie uns hinweisen kann auf die Problematik des Menschseins als solche, denn diese Problematik ist durchaus eine vieldimensionale. Die Art, wie der Mensch sich öffnet und schließt, ist weit über die biologischen Vorgänge hinaus bedeutsam für die besonderen zwischenmenschlichen Beziehungen und menschlichen Lebensordnungen. Sie stellt sich uns dar als ein Register von ganz verschiedenen Tonarten. Das Thema der Anteilnahme und Partnerschaft erweist sich hier als so vielbedeutsam, daß es nicht genügt, es etwa nur als Biologe oder nur als Soziologe verstehen zu wollen. Zwei Sätze dürfen wir gegeneinander stellen, die, von der richtigen Seite genommen, beide etwas Wesentliches über den chen sagen können: Der Mensch ist offener als jedes andere Lebewesen. Der Mensch ist das verschlossenste aller Lebewesen. Zum ersten Satz: Der Mensch ist namentlich in seiner so langen Kindheit aufgeschlossener und neugieriger, als irgendein Tier es ist. Es muß wiederholt werden, daß es sich primär um ein sinnliches Aufgeschlossensein handelt, zu der alle seine Sinne etwas beitragen. Kein anderes Lebewesen ist so wenig spezialisiert, so wenig eingeengt auf festgelegte Bahnen sinnlicher Ansprechbarkeit. Der Mensch ist mit seinem angeborenen Mangel an Abschirmungen nach allen Seiten hin, mit seiner Wehrlosigkeit (dies auch im mehrdimensionalen Sinne) ein merkwürdiges Experiment der Natur. Wahrscheinlich läßt sich so etwas nur verstehen, wenn wir A. Portmann zufolge vermuten, daß die Anfänge der Menschheit begünstigt waren durch eine besondere entlastende Umwelt in subtropischen Zonen. Der Zwang, sich zu wehren, ist in anderen Zonen der Erde nachträglich gewiß um so härter an den Menschen herangetreten.

Zum zweiten Satz: Das Tier ist bei aller jeweils spezifischen Beschränktheit seiner Interaktionskreise eindeutig in seinem Verhalten. Es ist nie anders als durchsichtig und echt. Dem Menschen blieb es vorbehalten, ein verschließendes Gehäuse um sich zu bauen, um seine Blößen zu decken. Er hat tausend Künste erlernt und lernt sie immer von neuem, sich durch Stabilisierung seiner Selbstgefühle, durch Reduktionen und durch Identifizierungen mit verhärtenden Leitlinien gegen die Ausweitungen seines sinnlichen Offenseins zu wehren. Sein Übermaß an Fähigkeiten sinnlicher Anteilnahme bringt ihn dahin, die Anteilnahme zu rationieren – was auf die Dauer gleichbedeutend sein kann mit einer Atrophie der Anteilnahme. Die Härten des Lebens, so ist er überzeugt, zwingen ihn dazu. Er lernt es, abstrakt und objektiv zu denken. Das objektive Denken aber ist der kühlste Modus des Sichverschließens. Sehr genau hat S. Kierkegaard dies formuliert. Wenn ich mich objektiv mitteilend verhalte (unter Ausschaltung des Subjektiven also), dann verweigere ich genau gesehen mir und dem anderen das Sichmitteilen, soweit es ein anteilnehmendes Mitteilen ist. Ich sperre vorsorglich die Wege, die unmittelbar von einem Ich zu einem Du führen. Aber auch dies hat Kierkegaard schärfer als andere gesehen: Daß hier die Frage des Öffnens und Schließens den Menschen in den Bereich des Ethischen hinüberführt. «Es ist jedes Menschen

Pflicht, offenbar zu werden», heißt es bei ihm – die Durchsichtigkeit ist gleichbedeutend mit dem Guten, «das Offenbare ist das Grundelement des Ethischen». Das Sichverstellen, so wie wir es mit System und unter Einsatz aller Autoritäten ungewollt unseren Kindern beibringen, ist das Grundprinzip des Sichverfehlens – des Sichverfehlens im Selbstsein und in der Anteilnahme.

Der Überblick mag uns zeigen, daß die Vorgänge des Öffnens und Schließens uns in ein Begriffsfeld einführen, in dem Lebensprobleme und soziale Probleme gleichzeitig angesprochen werden. Von der Basis her gehören das Sichöffnenkönnen wie das Sichschließenkönnen zum Leben selbst. Beides zu können und im lebensgemäßen Wechsel leisten zu können, gehört zu den Voraussetzungen des Lebens. Störungen in diesem Bereich stellen sich uns als ein biologisch-medizinisches Problem dar. Im Zusammenleben der Menschen aber zeigt es sich, daß diese Vorgänge «überschichtet» sind von Bereitschaften und Versagungen im Offensein und im Verschlossensein, die aus den gesellschaftlichen Beziehungen und jeder Art von Interaktion zwischen den Menschen sich ergeben. Auch in dieser Ebene ist es notwendig, daß der Mensch beides kann. Kommunikationsfähig und distanzfähig zugleich zu sein, gehört zu den Voraussetzungen eines zugleich anteilnehmenden wie differenzierten Zusammenlebens. Störungen in dieser Ebene stellen sich uns dar als ein soziologisches Problem. Man könnte hier von Krankheiten des gesellschaftsbildenden Bewußtseins sprechen, muß aber wissen, daß man dann freilich die Begriffe von gesund und krank noch weit mehr, als der Arzt sowieso es immer wieder tun wird und tun muß, über das naturwissenschaftlich Erfahrbare hinaus erweitert.

Man wird, damit die Begriffe nicht zerfließen, mithin den Menschen weiterhin als ein vielschichtiges Wesen zu verstehen suchen. Sehr befriedigend ist dies nicht. Die Vorstellung von übereinander gelagerten Schichten eines Lebewesens kann, wie bereits gesagt, nur als eine von vielen möglichen Modellvorstellungen verstanden werden. Unverbindlicher ist es, wenn wir von verschiedenen Dimensionen sprechen. Auch dann noch scheint die Einheit des Lebendigen weit mehr, als uns lieb ist, auseinanderzufallen. Um so mehr muß uns daran gelegen sein, übergreifende Begriffe festzuhalten, die der Kalamität einer zu starren Anwendungsweise entgehen und vielseitig verwendbar sind. Genau das, was wir suchen, fällt uns zu, wenn wir vom Öffnen und Schließen sprechen. Hier wird der Mensch mit geschicktem Zugriff als psychosomatische Einheit erfaßt. Wenn nun zwar die Einheit bei genauerem Zusehen immer wieder sich löst, so zielen diese Begriffe doch auf eine Mitte hin, in der alles, was zum Leben gehört, sich findet und trennt: das sinnliche Leben. Wir können, da dies der Differenziertheit des Menschen am besten gemäß ist, als die dem Sinnlichen zugehörige breite Mittelzone auch den physiognomischen Bereich namhaft machen. Sagen wir es vereinfacht: Alle Möglichkeiten der Offenheit wie der Verschlossenheit, welcher Dimension sie immer zugehörig sein mögen, bilden sich ab in den Gesichtern der Menschen. Was die Naturwissenschaftler uns vom Menschen sagen und was die Humanisten uns von ihm sagen: Sie sprechen, ohne es zu merken, von einem *gesichtslosen* Menschen. Die einen sprechen nüchtern, die anderen sprechen pathetisch von ihm. Man müßte ihnen allen sagen: Vergeßt das Beste nicht. Vergeßt nicht, daß die Physiognomien der Menschen uns von ihrem offenkundigen wie verborgenen Leben weit mehr erzählen, als ihnen selbst lieb ist, in jedem Fall weit mehr, als wir erfahren, wenn wir die Bedingungen des

Menschseins und ihr Gleichsein oder Ungleichsein theoretisch erörtern.

Anhang
Sichzeigen und Sichverbergen

Es lassen sich Variationen finden zu den übergreifenden Begriffen, nach denen wir suchen, um mit ihnen weiterzuarbeiten. Eine Variation des Themas vom Sichöffnen und Sichschließen finden wir im Sichzeigen und Sichverbergen. Auch hier geht die Bedeutsamkeit weit zurück in den Bereich tierischen Lebens. Hier erst recht aber zeigt sich uns die besondere Differenziertheit der menschlichen Interaktionen. Säugetieren und Menschen ist es sicherlich gemeinsam, daß sie von Natur aus scheu, aber ebenso von Natur aus anschlußbedürftig sind. Wie schon bemerkt, werden beide Bedürfnisse weitgehend reguliert durch eine Ritualisierung der gegenseitigen Begegnungen. Bei manchen Tierarten ist es ein sehr spezifiziertes, einengendes Ritual – wer es nicht kennt, dem sind alle Türen verschlossen. Große Vorsicht und Scheu ist lebensnotwendig selbst für Tiere, die sich sehr gut wehren können. Ob in der Rolle des Raubtieres oder in der des Beutetieres – die günstigste Ausgangslage ist für jedes Tier die, daß es sich möglichst so verborgen halten kann, daß es den anderen sieht und selbst nicht gesehen wird. Bei Kindern, bei retardierten Menschen, bei Menschen mit bestimmten Arten von Geistesstörungen, aber vom Hintergrunde her und zeitweise bei allen Menschen kommt immer wieder ein Bedürfnis zutage, möglichst unbemerkt zu existieren. Alle spielerischen Variationen des Verschwindens und Wiederdaseins werden mit erregender Hingabe im Versteckspiel der Kinder vorgeführt und erlebt.

Von der Scheu führen viele Verbindungslinien zur Scham bei Mensch und Tier. Der Psychoanalytiker Erikson spricht von einer «bestimmten keuschen Zurückhaltung selbst im Leben der wildesten Tiere». Dazu ließe sich sehr viel sagen, und bei noch so sorgfältiger Kritik wird man nicht daran vorbeigehen wollen, daß der dem Menschen kaum erreichbare Charme in den Bewegungen so vieler Tiere gar nicht denkbar ist ohne licht- und schattengebende Bedürfnisse von Verhaltenheit verbunden mit natürlichem Sichdarstellen. Ganz in den Zusammenhang dieses Spieles von Licht und Schatten gehört das sexuelle Leben. So verschieden in verschiedenen Gesellschaften die Rolle der Frau und ihre dadurch bedingte Prägung ist, so ist die Koketterie jedenfalls ein gemeinsamer Zug, ohne den Weiblichkeit nicht vorstellbar ist. Die Koketterie wohlgeratener kleiner Mädchen bei allen Rassen und Völkern gehört zu den reizvollsten anthropologischen Phänomenen. Hinter vorgehaltener Hand spielen die Augen ein vielsagendes Spiel. Der Mann will die Frau spüren. Die Frau will vom Manne gespürt werden, und sie will gesucht werden. Darum ist es so merkwürdig treffend, wenn in einem utopischen Roman von T. Déry das junge Mädchen dem Manne davonläuft, um sich zu verstecken und zu rufen: «Suche mich, ich kann mich nicht finden.» Erst da, wo sie begehrt wird, spürt die Frau sinnlich voll und ganz sich selbst. «Verborgen in Schamhaftigkeit, bis sie selbst ihr Versteck verrät – auf welche Art, das weiß sie nicht, das ist nicht sie, das ist das Dasein selbst, das der leidige Verräter wird», so sagt Kierkegaard von den jungen Mädchen im Alter des Reifens. Je intensiver die Verliebtheit, desto intensiver und erfinderischer der Wechsel in allen Bereichen dessen, was der Mensch zeigt und was er verbirgt. Aus dem Sichzeigen allein ergibt sich keine sinnliche Gespanntheit. Die Scham erst ermöglicht die Erotik, sagt E. Straus. In dem, was gemeinhin in unserem Kulturkreis bejahend oder verneinend über den Geschlechtstrieb und die mit ihm verbundenen Tabus gesagt und geschrieben wird, spricht sich ein bemitleidenswerter Mangel an erotischer Begabung aus. Die Sinnlichkeit hat viele Felder, bei totaler Enthüllung auf plumpe Weise hat keines der Felder mehr den Reiz des immer neu zu Entdeckenden. Junge Mädchen und Frauen, die sich auf Grund dessen, daß bestimmte Berufe von ihnen verlangen, sich viel auszuziehen, schützen sich durch ein unlebendiges Gesicht, durch ein Mienenspiel, das darauf angelegt ist, die Sinnlichkeit durch eine Maske zu verdecken. Was Kleider für das Leben einer Frau bedeuten, weiß jeder, aber niemand versteht vielleicht ganz, wie tief diese Bedeutung gründet. Alles weist hier hin auf Bedürfnisse des sinnlichen Sichselberspürens und auf die Variationen dieses Themas durch immer neue modische Inspirationen in den Künsten des Entblößens und des Bedeckens.

Für die Problematik reflektierten (nicht naiven) Menschseins ist die Schüchternheit ein vielsagender Wesenszug. Es ist beachtenswert – und vielfach bemerkt worden (von Nicolson etwa), daß in einem beinahe spezifischen Sinne die Schüchternheit ein angelsächsisches und ein skandinavisches Problem zu sein scheint. Es scheint dies zusammenzuhängen mit einer besonderen Art von Ichproblematik bei differenzierter Persönlichkeitsstruktur. Das sinnliche Selbstsein und das reflektierte Selbstsein lassen sich gegenseitig nicht zur Ruhe kommen. Das Sichselberdarstellen unterliegt ständigen Hemmungen – aber auch Verfeinerungen. Es geht uns hier nur um den Hinweis auf bestimmte Intensitätsgrade von etwas spezifisch Menschlichem. In unseren physiognomiefremden Zeiten ist von Schüchternheit kaum einmal die Rede. Aufklärende Soziologie unter Mitwirkung eines tüchtigen Psychotherapeuten sollte solche Hemmungen doch wohl schnellstens zu beseitigen wissen? Wie überall sieht man das nicht, was in das Weltbild nicht paßt. Einen wichtigen Anteil im Komplex der Schüchternheit bilden jene Interaktionen im physiognomischen Bereich, die durch eine gesteigerte Sensitivität durchsetzt sind. Sensitivität aber ist zu verstehen aus dem Zusammenspiel von empfindlicher Sinnlichkeit mit höchst verfeinerter Licht- und Schattengebung durch die Reflexion. Schüchternheit ist Ausdruck der Individuation von der sinnlichen

Mitte her. Die Bemühungen um Verfeinerungen des Ichbewußtseins gelten aber ebenso der Integrität des Du wie des Ich, sie werden durchaus zwischenmenschlich erlebt. Jeder sieht sich so, wie er meint, daß der andere ihn sieht – ein Bewußtsein dieser Art bringt vielerlei Brechungen und Anstrengungen (es ist bezeichnend für den Schüchternen, daß der Umgang mit Menschen, auch wo er ihn zu schätzen weiß und nicht entbehren will, anstrengend ist) in die menschlichen Wechselseitigkeiten hinein. Das Sichzeigen und Sichverbergen wird in diesem Falle bis in alle Feinheiten hinein durchgespielt. Durch Verschlossenheit wäre die Problematik am schnellsten zu lösen. Aber die Verschlossenheit gerade fehlt dem Sensitiven von der Basis her. In den Bereichen seiner allergischen Empfindlichkeit spielt die Haut als Ausdrucksorgan eine wesentliche Rolle. Die Haut verrät den Menschen, der sich selbst nicht verraten will – sofern er eine sensitive Haut hat. Die Angst, sich bloßzustellen, wird höchst konkret durch das Erröten der Haut angezeigt.

Aber das Hin- und Hergestoßensein von Antrieben und Ängsten, bald zu wenig und bald zuviel zu zeigen, kann in allen Bereichen menschlicher Beziehungen erfahren werden. Es ist bemerkenswert, zu beobachten, wie die Menschen genau über das sich anderen mitzuteilen wünschen, was sie ihren bewußten Intentionen nach verheimlichen möchten. Sie tun es gerade da, wo sie allen Grund zur Heimlichhaltung hätten, bei Begehrlichkeiten sexueller Art etwa, die sie selbst und die anderen nicht billigen, und besonders auch bei Verbrechen. Ganz allgemein ist der Mensch sich sehr unsicher in dem, was er über sich selbst weiß. Dieses sein Umsichselberwissen aber erstickt vollends, wenn er nichts davon mitteilt. Er muß sprechen, auch wo es klüger wäre, zu schweigen, weil er nur bei solchem Sichöffnen (im Wechsel mit der Verschlossenheit) sich selbst zu spüren, zu erleben, zu verwirklichen vermag. Wir können unsere Zuneigungen und unsere Abneigungen lange verheimlichen, aber wenn wir ihnen überhaupt keine Öffnung geben, ersticken sie allmählich.

Zu allen Zeiten haben die menschlichen Gesellschaften Stabilisierungsbemühungen unternommen, um beiden, dem Sichzeigen wie dem Sichverbergen, fixierte Ausdrucksmöglichkeiten zu geben. Bräuche, die so etwas wie Blickschutz im Zusammenleben der Menschen gewährleisten, werden ergänzt durch Bräuche, die der Darstellung – in Kulten, in Festen – einen für viele vollgültigen Rahmen geben. Sehr genau wird in vielen Lebensbereichen das, was bei den Tieren die Ritualisierung bedeutet, durch Einrichtungen ersetzt, die der Mensch schafft. In unserem Gesittungsbereich sind es am ehesten die Reste alter Bauernkulturen, in denen jeder, der da hineingeboren wurde, eine Lebensart vorgezeichnet fand, die er nur weiterzuführen brauchte. Sich zeigen zu unrechter Zeit, an unrechter Stelle, wird hier als sehr peinlich empfunden. Außerhalb bäuerlicher Lebensformen werden für das Sichzeigen andere Ausdrucksmittel und Wege gefunden. In der Ebene, in der Fragen der Geltung und Macht in entscheidender Weise ins Spiel kommen, wird das Gleichgewicht der menschlichen Interaktionen am meisten bedroht oder gestört. Das Sichzeigen wird dramatisiert und durch Kundgebungen, Paraden, Gelöbnisse, Personenkult und Bekenntnisse ersetzt. Nivelliert wird das Zeigebedürfnis und Vorführbedürfnis, wenn an Stelle der Macht das Geschäft tritt und die kommunikativen Medien einen zunehmend größeren Einfluß auf die Lebensart der Menschen gewinnen. Aus den Menschen, die angesprochen werden, bildet sich jenes Publikum, das überall dabei zu sein scheint und nie richtig dabei ist. Dem schrankenlos wachsenden Publikum stehen die Veranstalter gegenüber, die sehr bald lernen, nichts mehr ernst zu nehmen. Dies alles sind vereinseitigte, mißbildete Formen menschlicher Interaktionen. Gibt es einen Maßstab, der uns eine solche Beurteilung erlaubt? Es gibt keinen sicheren Maßstab, aber es gibt ein augenfälliges Kennzeichen: Auf beiden Seiten, bei den Veranstaltern wie beim Publikum, geht der Charme verloren (man denke an das Fernsehen, man denke an den Tourismus). Es zeigt sich schließlich immer wieder, daß der physiognomische Hintergrund sich auflöst. Wir dürfen aber trotz oftmals bizarrer Erscheinungsformen im Sichzeigen und Sichverbergen immer noch davon ausgehen, daß die Menschen sehr vieles verkraften können, wenn man ihnen nur Spielraum läßt, immer mehr Spielraum, wo immer es geht, um selbst mitmachen, experimentieren und variieren zu können in der Art, wie sie sich geben. Der Spielraum ist gleichbedeutend mit dem, was jedem Menschen an Möglichkeiten des Vorbehaltes und der Aufrichtigkeit verfügbar bleibt. Man spricht viel von den Menschenrechten. Ein sehr wichtiges Menschenrecht vergißt man leicht: das Recht auf unbedingte Aufrichtigkeit.